GEOMETRIA DESCRITIVA

Blucher

Gildo Montenegro

GEOMETRIA DESCRITIVA

Volume 2

Geometria descritiva, volume 2
© 2015 Gildo A. Montenegro
Editora Edgard Blücher Ltda.

Blucher

Rua Pedroso Alvarenga, 1245, 4º andar
04531-934 - São Paulo - SP - Brasil
Tel 55 11 3078-5366
contato@blucher.com.br
www.blucher.com.br

Segundo o Novo Acordo Ortográfico, conforme 5. ed. do
Vocabulário Ortográfico da Língua Portuguesa, Academia
Brasileira de Letras, março de 2009.

É proibida a reprodução total ou parcial por quaisquer
meios, sem autorização escrita da Editora

Todos os direitos reservados a Editora
Edgard Blücher Ltda.

FICHA CATALOGRÁFICA

Montenegro, Gildo A.
    Geometria descritiva – volume 2 / Gildo A.
Montenegro. – São Paulo: Blucher, 2015.

    ISBN 978-85-212-0919-5

    1. Geometria descritiva I. Título

15.0512   CDD 516.6

Índice para catálogo sistemático:
1. Geometria descritiva

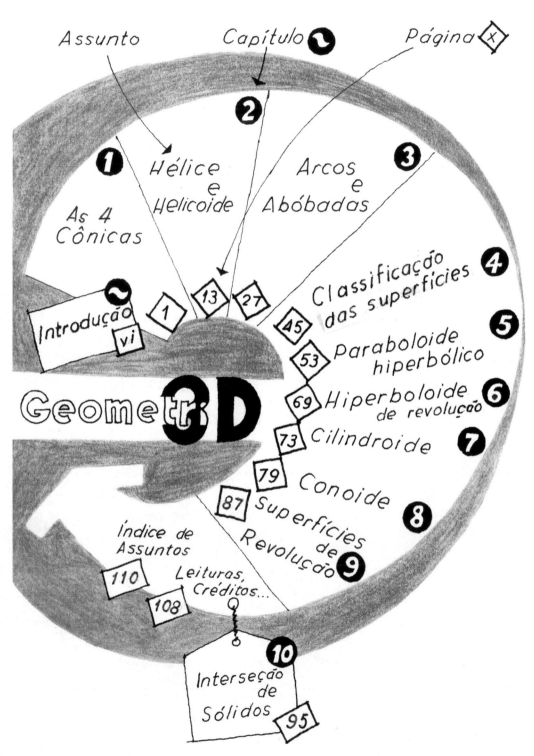

Introdução

Este livro tem / é... ... um repertório de imagens.

... predomínio da imagem sobre o texto.

... como ponto de partida aplicações construídas/fabricadas; daí vêm os conceitos e a base teórica.

... o relato de fatos (novos e antigos) da História e das técnicas, discutindo sua evolução.

... uma **OBRA VISUAL**, deixando o texto em segundo plano. Se a Geometria é DESCRITIVA, ela fala por meio de desenhos.

Ver na p. seguinte

Outros livros têm / são... ... predominantemente teóricos e muito bem encadeados.

... a base do ensino RACIONAL, fundamentado na repetição do pensamento do Autor. Contudo, jamais se comprovou que tal reprodução melhora o intelecto.

... enorme lastro sequencial de problemas teóricos, sem o referencial profissional.

... a continuação da Geometria Euclidiana, desprovida de seu fundamento filosófico original.

Perguntado sobre como se deve conduzir na vida o sábio respondeu: "A VIDA DEVE SER VIVIDA COMO UMA BRINCADEIRA."

(Platão)

Na vida e no estudo há dois caminhos:

Usa a imaginação e a inteligência

cria novas soluções

O INTUITIVO e ...

Traz alegria

DÁ UM PULO NO ESCURO

• Imagens
• Sentimentos
• Emoções
• Brincadeira
• Otimismo
• Artes

Cérebro direito + Sistema límbico
• Comanda os poderes psíquicos e o sistema glandular
• Trabalha com 10 milhões de bits por segundo

a virtude está no meio

... O RACIONAL

é lógico, sequencial, dedutivo

• deduz e especula
• não cria

• avança passo a passo
• é chato
• é sério

A criança aprende com alegria, com jogos e brincadeiras. O resto da vida não pode ser assim?

Cérebro Esquerdo:
• Informações verbais e numeros
• Procura causas
• Julga e avalia

• Melancolia e dúvida
• Falta de Entusiasmo
• Trabalha com 40 bits por segundo

Capítulo 1

Conteúdo: seções planas no cone: posições relativas ao eixo. Aplicações e histórias. A circunferência e seus elementos. A elipse e seus elementos: traçados geométricos. A parábola e seus elementos; traçados geométricos. A hipérbole e seus elementos; traçados geométricos. Traçados das curvas a partir da GD.

As quatro cônicas são cinco:
1. Circunferência
2. Elipse
3. Parábola
4. Hipérbole
5. Triângulo. Como as demais cônicas são curvas, o triângulo costuma ser excluído da lista. Essa exclusão não tem fundamento teórico; se a seção plana é o corte do cone por um plano, teremos o plano que passa pelo vértice do cone, gerando um triângulo como seção plana.
Vamos, no entanto, seguir a tradição e excluir o número 5.
Antes de estudar as cônicas, reduzidas a quatro, iremos mostrar como começou o estudo dessas curvas.

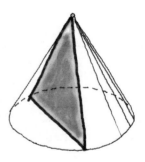

Imagine uma reta VC, sendo C o centro de uma circunferência. Outra reta passa por V e desliza em torno da circunferência. O giro da reta VD dá origem a DUAS superfícies cônicas tendo o vértice comum.

Essa foi a ideia de Apolônio de Pérgamo, por volta de 230 a.C. Em seguida, ele acrescentou um plano P que corta o cone. Vamos considerar, a seguir, apenas UM dos cones.

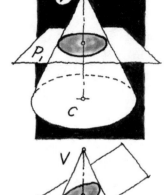

Comecemos por um plano P_1 paralelo à base. Ele dá origem a outra circunferência, que vem a ser uma das cônicas.

Seja agora um plano P_2 oblíquo ao plano D da circunferência (base): teremos uma elipse.

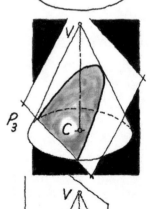

Se o plano ficar mais inclinado, como em P_3, ele dá origem a uma terceira cônica ou parábola.

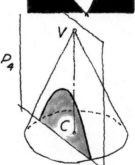

Na posição P_4 o plano é paralelo ao eixo ou altura VC e dá origem à quarta cônica: a hipérbole.

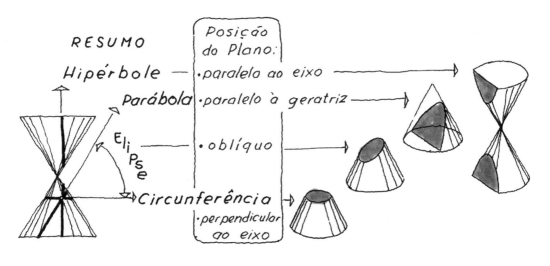

As cônicas são curvas do segundo grau e foram estudadas a fundo por Apolônio de Pérgamo, como vimos. Sabe-se que, antes disso, os babilônios faziam cálculo aproximado do tronco de cone. Há quem afirme que o estudo das cônicas teve origem no problema da duplicação do cubo: definir o valor da aresta x do cubo cujo volume seja o dobro de outro ou, em Álgebra, $a^3 = 2x^3$.

Durante séculos as cônicas ficaram esquecidas até que Kepler verificou que as órbitas dos planetas eram elípticas, e não circulares, como se acreditava. Newton deduziu que a descoberta da órbita elíptica dos planetas era consequência matemática da atração gravitacional. Vale ressaltar que Newton tinha uma tradução em latim dos estudos de Apolônio; se utilizou ou até onde ele os utilizou fica no terreno da suposição. O fato é que ele jamais afirmou conhecer a obra de Apolônio. O leitor que faça suas especulações.

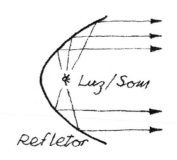

Aplicações das cônicas

- Do círculo: a roda, as engrenagens, o cilindro

- Da parábola: o refletor (sonoro ou luminoso)
  o jato d'água (2)
  a queda livre (1)
  a balística (3)

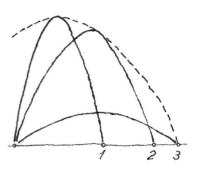

- Da elipse: os gráficos de insolação
  órbita dos planetas

    Astronáutica: a reentrada do foguete espacial deve ser calculada com precisão. Se houver desvio da trajetória, o foguete despenca em queda livre ou entra em trajetória hiperbólica, retornando ao espaço interplanetário, sem volta.

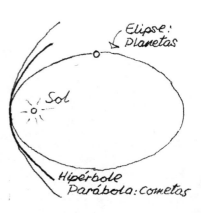

- Da hipérbole: a concordância no traçado de estradas se faz por meio de hipérboles ou de parábolas.

Elipses equidistantes?

Não pode! Elas não existem!
Vejamos um caso incomum: uma praça na Suécia tinha forma elíptica, gerada pela confluência de várias ruas. Durante muito tempo, o tráfego de carroças e diligências fluiu muito bem na praça, mas com o aparecimento do automóvel e sua absurda multiplicação, o trânsito passou a ficar lento. Para solucionar esse problema, bastava que os urbanistas alargassem a faixa de rolamento, obviamente derrubando umas tantas árvores. Ao serem desenhadas as novas elipses, o projeto mostrou que a largura das faixas (entre uma e outra elipse) não era constante. Os planejadores queriam faixas com largura constante e não conseguiram resolver o traçado geométrico.

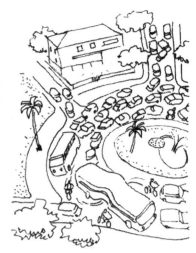

O problema caiu na prancheta do matemático e poeta Piet Hein, que encontrou uma solução fora das leis da Geometria. Ele adotou uma curva por ele batizada de SUPERELIPSE, que é definida pela equação:

$$\left|\frac{x}{a}\right|^{2,5} + \left|\frac{y}{b}\right|^{2,5} = 1$$

Trata-se de equação formulada 80 anos antes por Gabriel Lamé, ou seja, uma solução algébrica. Um novo ovo, mas esse é do poeta, não de Colombo. Simples demais; claro que envolve criatividade, imaginação, e não apenas conhecimento. Essa equação corresponde a uma curva intermediária entre o retângulo e a elipse.

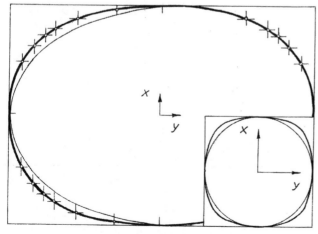

Ela resolveu o problema da praça e passou a ser adotada em mesas, pois permite maior utilização do espaço (e do tampo), com a vantagem de eliminar choques do usuário com o vértice pontudo do retângulo. A equação se adapta ao quadrado, como se vê na figura ao lado.

Circunferência

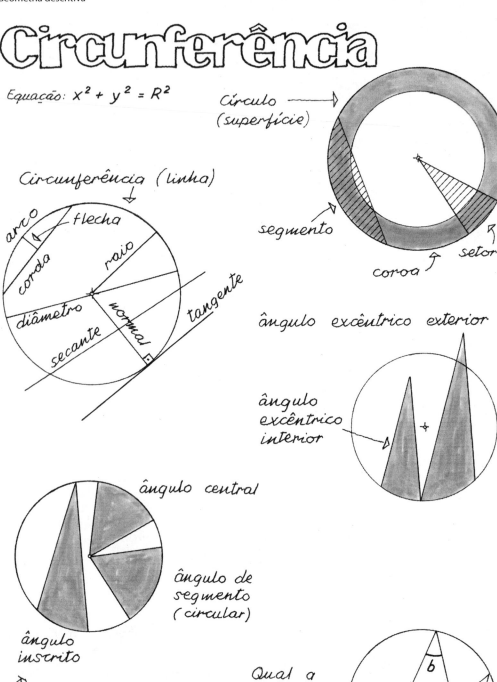

Elipse

Equação: $\dfrac{x^2}{a^2} + \dfrac{y^2}{b^2} = 1$

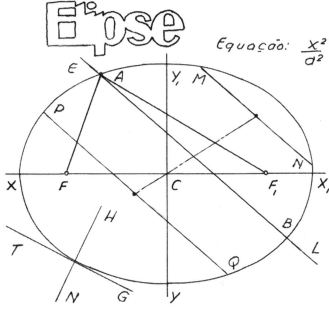

Focos: F e F_1
Eixo maior: $CX = a$
  menor: $CY = b$
Vértices (4): $X \cdot X_1 \cdot Y \cdot Y_1$
Distância focal: FF_1
Raio vetor: AF e AF_1
Secante: EL
Corda: AB

Tangente: TG
Normal: NH
Diâmetro: XX_1
Diâmetros conjugados: MN e PQ
Excentricidade: $\dfrac{FF_1/2}{CX}$

2 círculos
- principais:
- diretores: centros em F e F_1, e raio XX_1

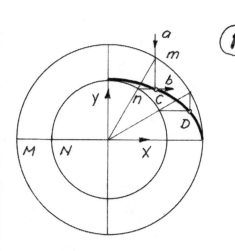

TRAÇADOS de 1 a 4

① Dados: circunferências M e N ou círculos principais.

De **m** - na circunferência maior - traça-se **a**, paralela a Y. Por **n** - na circunferência menor - traça-se **b**, paralela a X. A interseção C pertence à elipse. Repete-se em outras divisões.

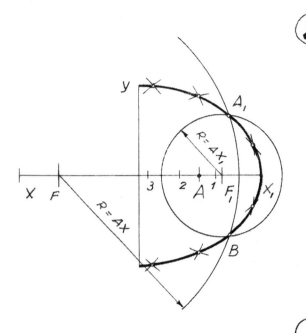

② Dados:
- os eixos X e Y.
- os focos F e F₁.

Marca-se A (arbitrário). Com raio AX, e centro em F, traça-se um arco. Com raio AX e centro em F, marcam-se A, e B. Repete-se para 1, 2 e 3.

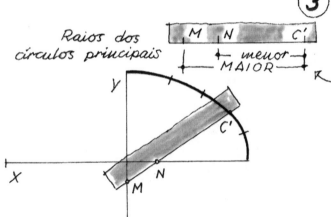

③ Numa tira de papel, marcam-se os pontos C'M e C'N. O ponto M fica sobre o eixo Y e move-se a tira de modo a obter pontos N sobre o eixo X. O ponto C' define pontos da elipse.

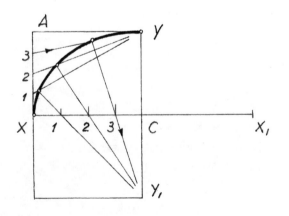

④ Dados os raios dos círculos principais. Dividem-se AX e CX em partes iguais. Ao ligar esses pontos a Y e Y₁, obtém-se pontos da elipse.

Parábola

Equação: $y^2 = 2p$

Uma sucessão de retas FR e suas perpendiculares RS gera a curva:

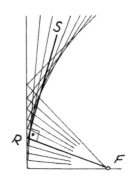

A parábola tem:
- Eixo
- Diretriz
- Vértice V
- Foco F
- Parâmetro PP'
- Semiparâmetro AF
- Tangente TG
- Corda AB
- Raio vetor RF
- Diâmetro MS

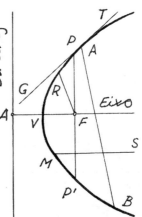

Propriedades:
$FT = TN$
$FV = AV$

TRAÇADOS

Diretriz AD
Foco F
Dados:
Eixo VE
Ponto P
Vértice V

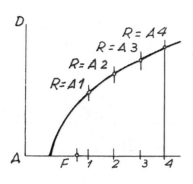

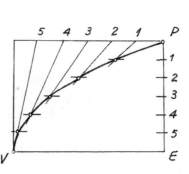

Geometria descritiva

Hipérbole

Equação: $\dfrac{x^2}{a^2} - \dfrac{y^2}{b^2} = 1$

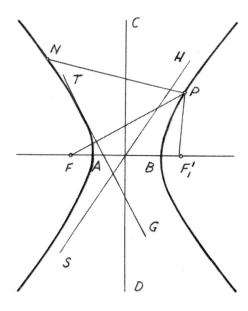

Focos F e F'
Distância focal FF'
Vértices A e B
Eixo real ou transverso AB
　　　imaginário ou
　　　　　não transverso CD
Corda PN
Círculo principal $\phi = AB$
2 círculos diretores com centro
　　em cada foco e raio = AB
Diâmetro: corda passando no centro
Assíntota HS
Tangente TG

TRAÇADOS

① Dados: Eixo AB e focos
• Marcar pontos arbitrários à esquerda de F. • Com centro em F' e raio B1, traça-se arco. • Com centro em F e raio A1, outro arco corta o anterior em P₁. ...

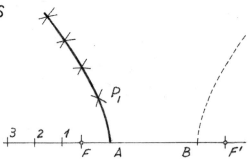

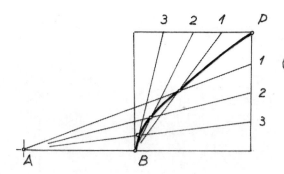

② Dados: Eixo real AB
　　　　　Ponto P da curva

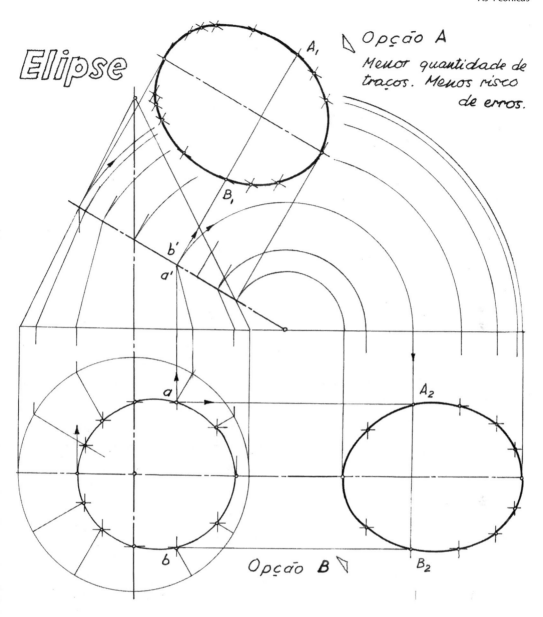

O mais antigo traçado conhecido é de Albrecht Dürer, geômetra e pintor de grande imaginação e notabilizado por estudos pioneiros de Geometria e de Perspectiva e por sua capacidade de captar detalhes, não apenas de representar e de pintar. Ao representar, em duas projeções, a seção cônica que daria origem ao traçado da elipse, ele desenhou uma OVAL, e não a curva correta.

Se Dürer tivesse concluído totalmente o belo raciocínio geométrico desenhado, ele teria sido o precursor da GD, que somente veio a ser estabelecida como ciência no final do século XVI, quase três séculos mais tarde. Contudo, de alguma forma, ele foi um precursor.

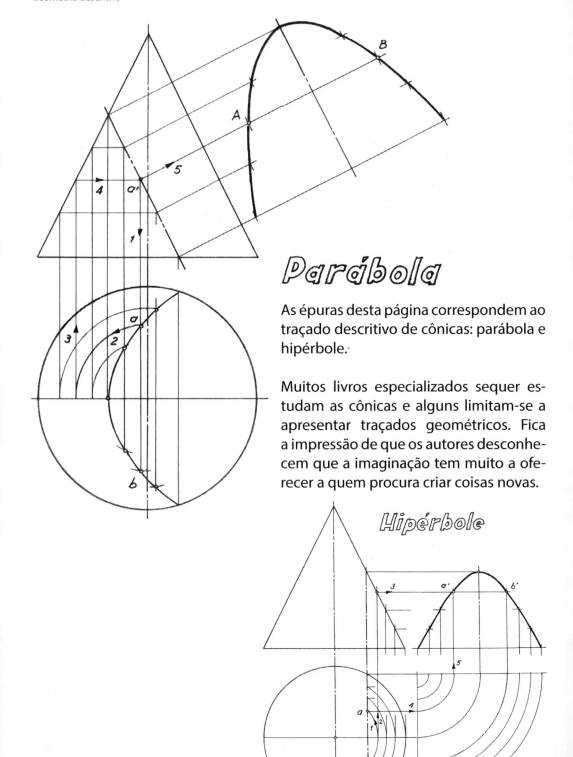

Parábola

As épuras desta página correspondem ao traçado descritivo de cônicas: parábola e hipérbole.

Muitos livros especializados sequer estudam as cônicas e alguns limitam-se a apresentar traçados geométricos. Fica a impressão de que os autores desconhecem que a imaginação tem muito a oferecer a quem procura criar coisas novas.

Hipérbole

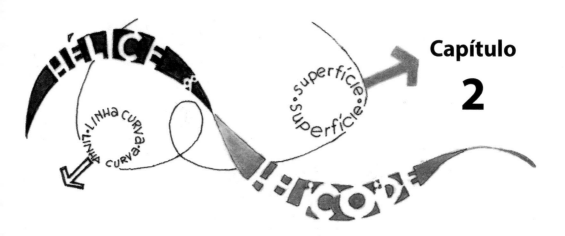

Capítulo 2

Conteúdo: visualização (maquete) da hélice e do helicoide. História e aplicações. Elementos da hélice e do helicoide; definições dessas figuras e tipos de cada uma delas. Traçado da hélice cilíndrica, cônica, loxodrômica e esférica. Traçado do helicoide sem núcleo e com núcleo, quando a geratriz não corta o eixo, do helicoide oblíquo ou de cone diretor. Aplicações industriais.

VISUALIZAÇÃO

① Um arame flexível é colocado sobre um plano de modo a formar uma circunferência. Ao levantar uma das extremidades, forma-se a hélice.

② Num retângulo de papel cartonado traça-se a diagonal. O cartão é enrolado como um cilindro e forma-se a hélice.

③ Numa folha de isopor (poliuretano expandido), traçam-se duas circunferências e um raio. Recorta-se a figura:

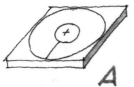

A   B

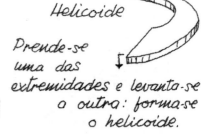

C

Helicoide

Prende-se uma das extremidades e levanta-se a outra: forma-se o helicoide.

História e aplicações antigas

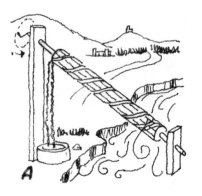

Lenda ou fato, circula a versão de que a primeira aplicação da hélice e do helicoide teria sido feita por Arquimedes, personagem da Grécia Antiga que teria sido flagrado correndo molhado sem tanga, sem toga e sem outro traje nas ruas de Siracusa depois de ter descoberto o princípio da Hidrostática. Deduz-se que o transporte público era muito precário na época, pois o matemático sequer esperou um ônibus de linha que o levaria de sua casa ao palácio do governante.

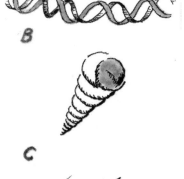

Outra descoberta atribuída a Arquimedes é o parafuso ou cóclea utilizado para erguer grande quantidade de água de um rio a um depósito mais elevado (Figura A).

Na natureza, a hélice aparece na estrutura do DNA (Figura B), nas gavinhas de plantas como a uva e o maracujá, entre outras, e em conchas marinhas (Figura C).

Os aviões antigos eram movidos por hélice (Figura D).

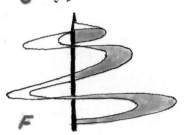

Na Figura F está a proposta de Da Vinci para o que seria o propulsor do primeiro helicóptero.

Hélice & helicoide

Elementos

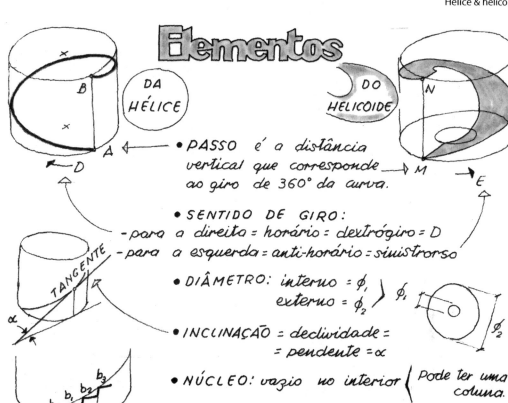

DA HÉLICE

DO HELICOIDE

- PASSO é a distância vertical que corresponde ao giro de 360° da curva.

- SENTIDO DE GIRO:
  - para a direita = horário = dextrógiro = D
  - para a esquerda = anti-horário = sinistrorso

- DIÂMETRO: interno = ϕ_1
  externo = ϕ_2 ⟩ ϕ_1

- INCLINAÇÃO = declividade = pendente = α

- NÚCLEO: vazio no interior | Pode ter uma coluna.

- EIXO do cilindro ou do cone.

HÉLICE é a linha gerada por um ponto sujeito a dois movimentos:
a - ao redor de um eixo.
b - paralelo ao eixo.

(DEFINIÇÃO)

HELICOIDE é a superfície gerada por uma reta apoiada sobre duas hélices concêntricas ou diretrizes. A reta é a geratriz.

A hélice é uma curva espacial = não plana = = torcida = reversa = de dupla curvatura

TIPOS

HÉLICE
- CILÍNDRICA
- CÔNICA
- ESFÉRICA

HELICOIDE AXIAL...
- ...DE PLANO DIRETOR
- ...DE CONE DIRETOR

HELICOIDE DESENVOLVÍVEL

Hélice cilíndrica

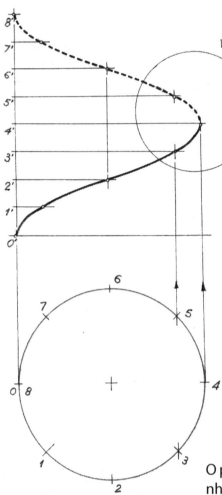

ver detalhe abaixo

É dado um cilindro reto (φ e altura ou passo) representado ao lado. Dividimos a base em partes iguais; quanto maior a quantidade de divisões, melhor se desenha a hélice no plano vertical. Numeramos as divisões; são oito na figura. Dividimos a altura (passo: ver adiante) na mesma quantidade de partes da base e traçamos horizontais em cada divisão. Levamos o ponto O da base até a horizontal O'; depois o ponto 1 para a horizontal 1' e assim por diante, até completar a figura.

Visibilidade e traçado da hélice

Se considerarmos opaco o cilindro que contém a hélice, teremos a curva visível entre os pontos O e 4 e não visível daí por diante.

O principiante tende a ligar os pontos 3 e 4 por linhas que criam uma aresta ou ponto de reversão (abaixo, à esquerda). O traçado correto é fazer uma linha curva contínua, sem aresta ou cotovelo. Podem-se fazer subdivisões, criando pontos intermediários a fim de ajustar o traçado da curva ou aumentar a quantidade de divisões da circunferência para doze ou dezesseis.

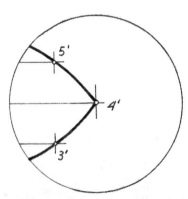

Traçado a evitar!

Traçado recomendado:

Vem da projeção horizontal

Hélice cônica
normal ou ordinária

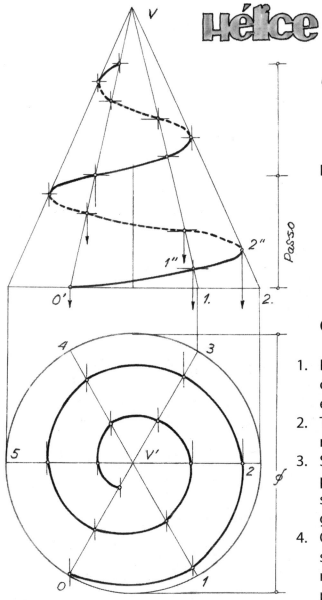

Dados: a base do cone com diâmetro ϕ
o passo
o sentido para a esquerda

Construção

1. Dividem-se em partes iguais a circunferência e o passo; aqui em 6 partes.
2. Traçam-se as geratrizes nos planos H e V.
3. Se o ponto inicial for O, sua projeção vertical será O': interseção do plano da base com a geratriz VO'.
4. O ponto seguinte será 1": interseção da geratriz V1 com a horizontal 1', a ser projetada no plano H.
5. O ponto 2" é a interseção da geratriz V2 com o plano horizontal 2". Esse ponto se projeta no plano H dando um ponto da curva.
6. Na épura está representado um segundo passo da hélice e suas projeções H e V, obtidas de modo similar.
7. Consideramos a hélice gerada por um ponto em movimento sobre a superfície cônica, sendo o vértice do cone um ponto assintótico da curva que se aproxima indefinidamente do vértice.

Hélice loxodrômica

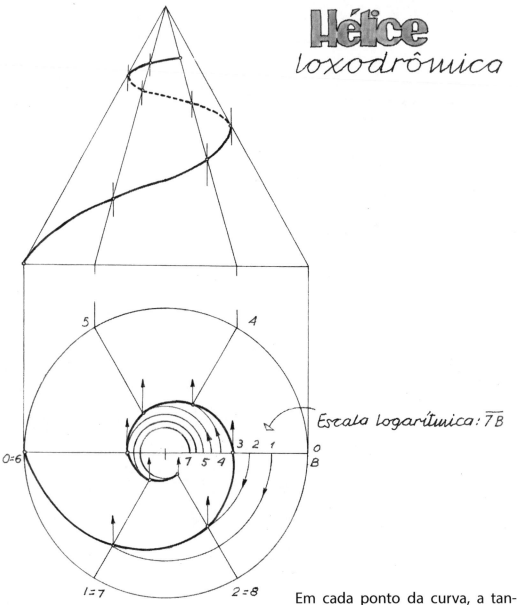

Em cada ponto da curva, a tangente tem inclinação constante em relação às geratrizes e, por essa razão, a curva é chamada loxodrômica.

Sua projeção horizontal é uma espiral logarítmica.

Para traçar essa curva, marca-se em cada geratriz representada no plano horizontal um ponto correspondente à escala logarítmica e determinam-se esses pontos na projeção vertical, completando assim a curva.

Hélice esférica

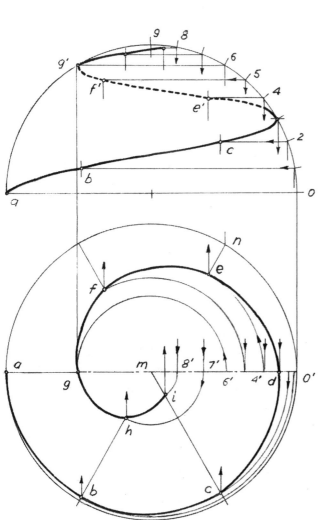

Imagine um ponto P deslocando-se sobre uma semicircunferência no plano V e o dito plano girando sobre um eixo vertical que passa pelo centro da curva; esses movimentos simultâneos geram uma hélice esférica (ao lado). Se os dois movimentos são uniformes, obtém-se a hélice loxodrômica na esfera.

Essa curva corta todos os meridianos da esfera segundo o mesmo ângulo e, por essa razão, ela é utilizada em navegação aérea e marítima a fim de permitir rumo constante com menor percurso.

Construção

1. Traça-se a semicircunferência no plano V e uma circunferência, de mesmo diâmetro, no plano H.
2. A semicircunferência foi dividida em nove partes iguais.
3. Um plano horizontal passa por cada uma dessas divisões.
4. Serve de exemplo para o traçado o ponto 4 do plano V: ele se projeta no plano H em 4', dando origem a uma circunferência de raio m4' que vai encontrar a geratriz mn em e, e daí se projeta em e' sobre a horizontal 4e'. O ponto e' pertence à hélice esférica.
5. Os demais pontos são construídos seguindo este roteiro.

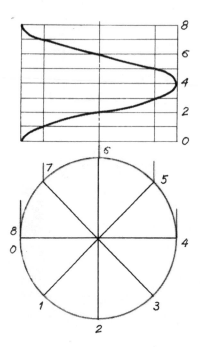

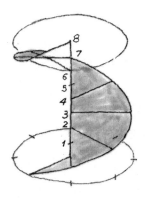

O helicoide sem núcleo é uma rampa

O traçado é semelhante ao da hélice cilíndrica, já estudada.

Helicoide com núcleo

- O núcleo ou cilindro interno pode existir como apoio central ou pode ser vazio.
- O traçado segue a orientação da hélice cilíndrica.
- No traçado, as geratrizes (retas horizontais ligando as duas hélices) podem ou não ser desenhadas; na verdade, a superfície helicoidal é contínua e as retas estão aqui apenas como recurso gráfico para a visualização da rampa.

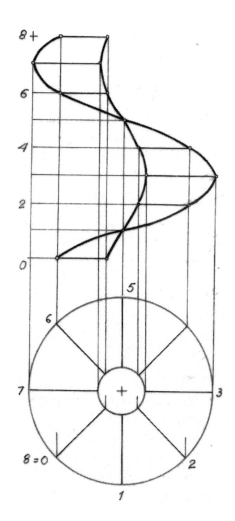

Helicoide em que a geratriz não corta o eixo, ou seja, ela é **tangente** ao eixo.

Dados:
- Passo
- Diâmetro do núcleo ou interno
- Sentido para a esquerda

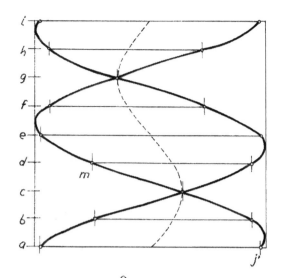

Dividimos a circunferência e o passo na mesma quantidade partes; aqui em oito partes:

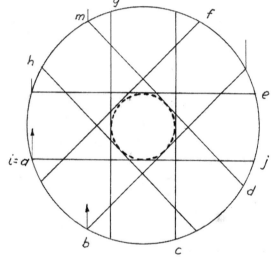

1. Começamos com a geratriz **aj**, que tangencia a circunferência interna e é horizontal; ela é traçada nas projeções H e V, respectivamente, em **aj** e **a´j´**.
2. A geratriz seguinte é traçada tangenciando a circunferência interna na projeção H e é levada para a projeção V.
3. Repetimos o procedimento até a última geratriz.
4. Traçamos as duas hélices na projeção V.

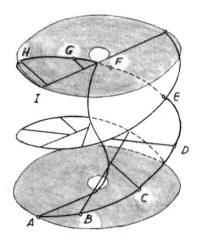

Aparentemente inexiste o vazio interior ou núcleo; no entanto, ele pode ser um cilindro de apoio, como se vê na isometria.
A hélice interna está desenhada em traços curtos, pois ela é **VIRTUAL**: a superfície é definida por apenas duas hélices externas.

Geometria descritiva

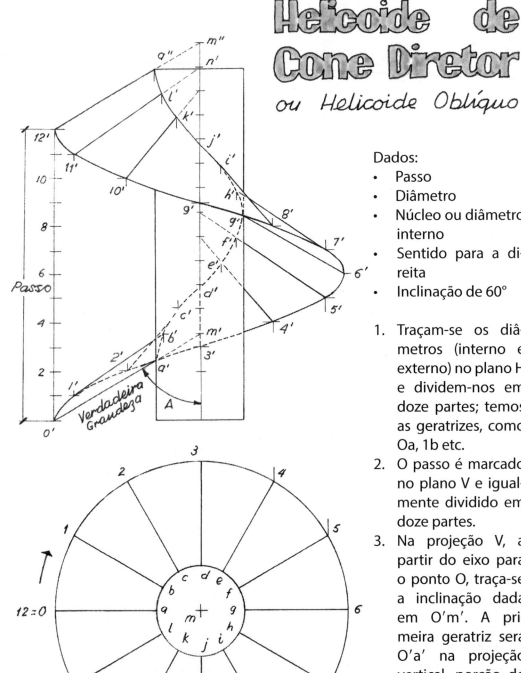

Helicoide de Cone Diretor
ou Helicoide Oblíquo

Dados:
- Passo
- Diâmetro
- Núcleo ou diâmetro interno
- Sentido para a direita
- Inclinação de 60°

1. Traçam-se os diâmetros (interno e externo) no plano H e dividem-nos em doze partes; temos as geratrizes, como Oa, 1b etc.
2. O passo é marcado no plano V e igualmente dividido em doze partes.
3. Na projeção V, a partir do eixo para o ponto O, traça-se a inclinação dada em O'm'. A primeira geratriz será O'a' na projeção vertical, porção do segmento já desenhado.

4. A partir de m' para m" marca-se o passo dado, que será também dividido em doze partes. Esses pontos darão a direção de cada geratriz, que será limitada pelo núcleo.
5. Assim, a segunda geratriz será 1b, tendo a direção da reta que liga o ponto 1 à primeira divisão do passo m'm", que foi dividido em doze partes (item 4).
6. A segunda geratriz parte da segunda divisão do passo (no eixo m'm") até o ponto 2', portanto 2'c'.
7. O traçado se faz dessa maneira até a última geratriz. Assim, a penúltima geratriz será 11'l', que liga o ponto 11' a n', sendo m"n' = 1/12 do passo e o ponto l' sendo a interseção da geratriz com o núcleo.
8. Resta definir a visibilidade da curva no plano V.

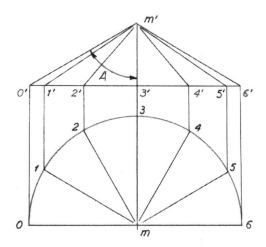

Outra maneira de obter a direção das geratrizes no plano V é por meio de uma figura auxiliar, a saber:
1. Traça-se um semicírculo de diâmetro qualquer, conforme a figura acima.
2. Marcam-se os pontos de divisão; neste exemplo são seis.
3. Traçam-se os raios correspondentes.
4. No plano V, marca-se a inclinação dada A, passando pelo ponto O´.
5. Obtém-se as direções de cada uma das geratrizes no plano V.
6. Essas direções são transportadas paralelamente para cada ponto da figura principal.
7. As projeções dos pontos a b c... do núcleo (na figura anterior) dão o limite das geratrizes: os pontos em que elas encontram o núcleo e serão, respectivamente, a' b' c'...
8. Essa figura auxiliar pode ser construída no intervalo entre as projeções H e V, podendo ser feita na mesma escala da figura principal ou em escala reduzida, uma vez que serve apenas para obter as direções, e não as grandezas.

Há muitas aplicações das hélices e dos helicoides na indústria e na construção; por exemplo:

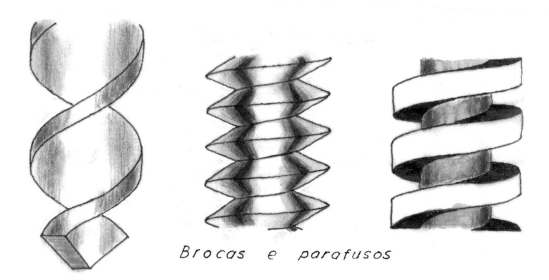

Brocas e parafusos

Visão espacial (1)

Especialistas em psicologia humana calculam que em torno de 20% das pessoas a percepção espacial é deficiente em algum grau. Eles alertam que o fato não tem relação com o grau de inteligência e que isto deve ser aceito como parte da diversidade humana.

Como professor do curso de Arquitetura, tive um aluno que era claramente portador dessa deficiência. Ele foi aprovado na disciplina de GD em sua quarta tentativa e a duras penas; no canto da trave, como dizem no futebol.

Passado algum tempo, fui à coordenação do curso a fim de atender minha curiosidade: como um portador de deficiência de percepção espacial faria um projeto arquitetônico mais complexo? Descobri que aquele aluno não fazia! Ele havia abandonado as aulas, optando pelo curso de História. Até onde tenho conhecimento, o rapaz teve sucesso, o que quer dizer que esta história acabou bem.

Hélice & helicoide

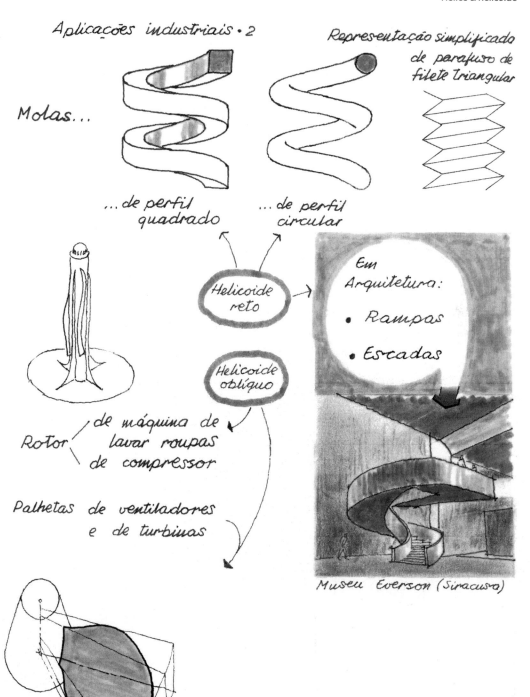

Aplicações industriais • 2

Molas...

...de perfil quadrado
...de perfil circular

Representação simplificado de parafuso de filete triangular

Helicoide reto
Helicoide oblíquo

Em Arquitetura:
• Rampas
• Escadas

Rotor — de máquina de lavar roupas — de compressor

Palhetas de ventiladores e de turbinas

Museu Everson (Siracusa)

Geometria descritiva

Visão espacial (2)

A carta me surpreendeu por ser uma pessoa desconhecida e por relatar aspectos de sua vida pessoal: era economista, trabalhava em um banco e, já aposentado, dedicou-se a estudar GD. Nessa altura, sua visão estava reduzida ao tamanho de uma moeda e ele "varria" as figuras a fim de montar o conjunto... no cérebro. Por fim, o cidadão me pedia que opinasse sobre o material anexado à carta: um estudo sobre o ponto de vista na perspectiva.

Fui muito direto na resposta: o estudo merece ser divulgado, tem ideias novas, porém nos desenhos faltava qualidade. Eles eram feitos com caneta de ponta de náilon... do tipo médio. Pedi permissão para refazer os desenhos e digitar o texto, que era escrito com a mesma caneta e pouco legível, como seria de se esperar.

Dei nova apresentação aos desenhos e enviei-o para publicação. O leitor interessado pode encontrá-lo na *Revista Educação Gráfica* (UNESP/ Bauru-SP) n. 4, Nov. 2000, p. 81-92 com a redação do Sr. Herbert Viana, sob o título "Planos geometrais na perspectiva".

A ironia do caso é que um trabalho acadêmico de GD foi concebido na mente de um quase cego!

Capítulo 3

UMA SOLUÇÃO MILENAR

Conteúdo: arcos e abóbadas: diferenças, definições, fundamentos geométricos, termos técnicos e tipologia. História dos arcos e suas aplicações. Funcionamento estrutural dos arcos; como e porque eles desabam ou não. A catedral gótica: sistema construtivo secreto. Extrapolando a catedral gótica: Gaudí. Mais histórias sobre as abóbadas e arcos: quem fez e porque são construções duradouras.

Abóbada
- é todo teto côncavo; no entanto, há quem se refira a abóbada plana.
- A abóbada cobre uma superfície.

Abóbada ↓ (diagrama: vão, arco)

O arco
- vence um vão em parede vertical.
- tem pequena espessura ou profundidade em relação ao vão.

A abóbada como sucessão de arcos:

Ao girar em torno de um eixo, o arco forma uma abóbada de revolução, ou cúpula.

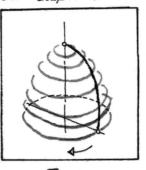

Termos técnicos

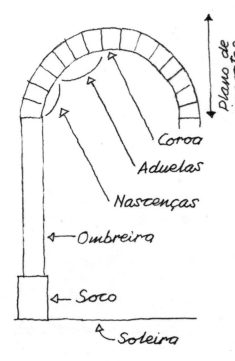

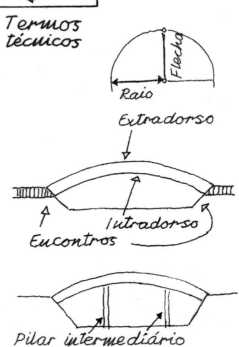

Arcos & abóbadas

Geometria descritiva

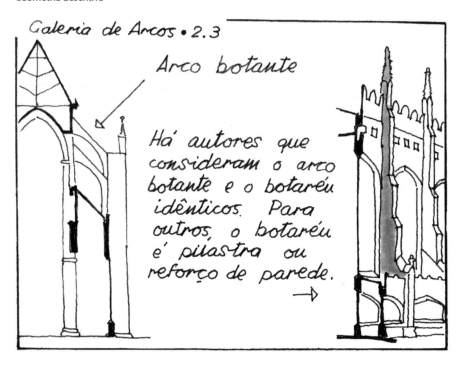

Galeria de Arcos • 2.3

Arco botante

Há autores que consideram o arco botante e o botaréu idênticos. Para outros, o botaréu é pilastra ou reforço de parede. →

O leitor deve ser cauteloso quanto às designações e formas dos arcos. Muitas definições deixam de ser acompanhadas por ilustrações, de modo que as descrições se tornam ambíguas. Para piorar o quadro, ou a galeria, as designações variam conforme o livro consultado. A galeria ou coleção de figuras que aparece a seguir resultou de consulta a dezenas de livros e se trata de uma amostra, obviamente pouco precisa.

Considere-se que para o mesmo arco ou figura foram encontradas seis designações diferentes. Assim, a leitura de livros, desde os antigos até este, deve ser feita com cautela.

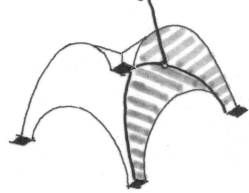

Arco cruzeiro é a aresta de separação entre duas abóbadas que se cruzam.

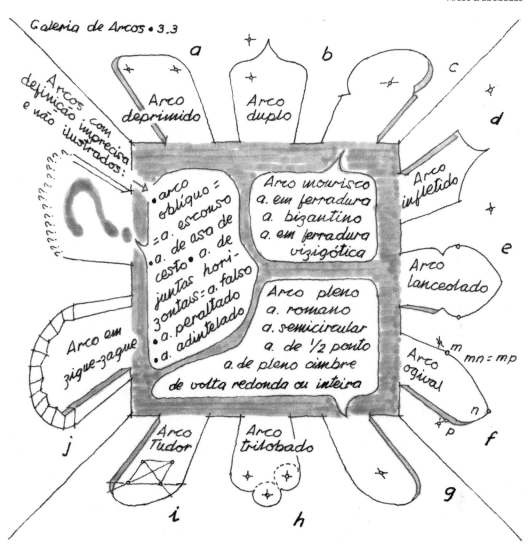

O material construtivo utilizado no preparo de abóbadas e de arcos vai de vegetais diversos a metais, concreto armado ou não, madeira, tijolo, pedra, plásticos etc.

História

A origem da construção dos arcos é incerta, porém, há evidências de uso nas antigas civilizações aborígenes. Seus construtores usaram feixes de varas flexíveis e palhas ou folhas; a repetição ou sucessão de arcos forma a oca ou habitação coletiva, ainda hoje em uso foras das regiões ditas civilizadas.

Os povos do Neolítico, em diversas regiões, construíram arcos e abóbadas de pedra por volta de 1.800 a.C.; cada fiada superposta avançava além da vertical à medida que a construção subia. Em outros casos, a abertura inclinada era encimada ou coroada por uma pedra ou coroa rudimentar.

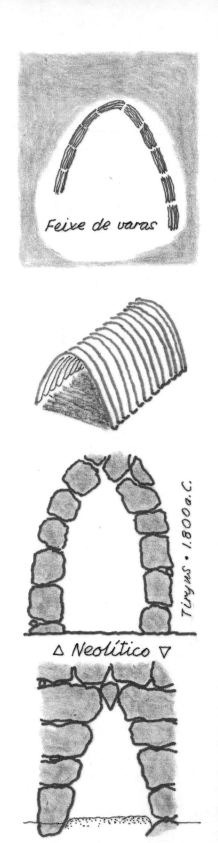

Arcos & abóbadas

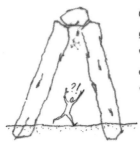

O precursor da construção de arcos (ver p. anterior) pode ter sido algo do tipo ao lado: construção instável e difícil.

O passo seguinte foi:

Mais à frente, com o corte mais preciso da pedra, foram utilizadas **arquitraves** ou vigas curtas e retas. Uma vez que a pedra tem pouca resistência à flexão, os construtores chegaram a outra solução:

Qual o motivo para a utilização de vigas sobrepostas? Mesmo que uma viga (arquitrave) quebrasse, a estrutura permanecia estável.

Os construtores ancestrais fizeram obras duradouras. Muitas construções desabaram não pela ação do tempo, mas, sim foram derrubadas pelo próprio homem para reaproveitamento do material.

Houve também experiências em outra direção pelos construtores micênicos, cerca de 1.600 anos a.C.: a arquitrave dividida e tendo a parte superior oblíqua encimada por bloco triangular, que transforma as cargas verticais em empuxo oblíquo. A essa figura, segue-se uma revisão sumária de como essa ideia foi aperfeiçoada com o passar do tempo e após muitas tentativas.

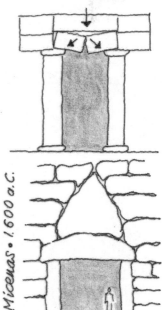

Uma hipótese bastante viável é que o conhecimento de como funcionava a estrutura tenha sido obtido a partir de ensaios feitos em modelos reduzidos por indivíduos anônimos, porém dotados de bom senso e de aguda percepção estrutural.

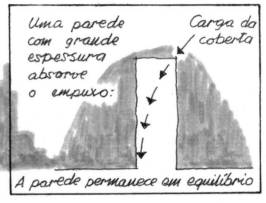

Num lampejo de genialidade ou por obra do acaso (se é que existe!), alguém decidiu por bem colocar uma estátua pesada no topo do pilar. Parte do empuxo lateral foi absorvido pela carga vertical, permitindo construir paredes verticais com menor espessura.

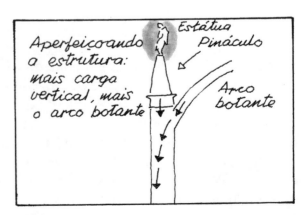

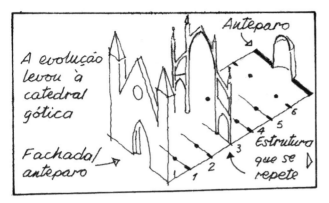

O aperfeiçoamento desse sistema construtivo foi obra de corporações fechadas aos estranhos, sendo o conhecimento passado verbalmente do mestre para poucos iniciados. Daí que o segredo do processo construtivo acabou mergulhando no esquecimento.

A arquitetura gótica era uma estrutura bastante estável, tanto que na 2ª. Grande Guerra cidades inteiras foram reduzidas a escombros, sobrando apenas as catedrais góticas. Embora tivessem já mil anos de construção, elas resistiram a impactos de bombas aéreas com 800 kg de explosivos de alto poder de destruição.

O segredo da construção gótica ficou perdido durante séculos e só veio a ser redescoberto graças à intuição genial de um arquiteto. Ele descobriu que os arquitetos góticos riscavam no piso, em escala natural, os arcos botantes e as cúpulas de grande estabilidade estrutural mesmo sem ter conhecimento do cálculo. Como elas funcionavam?

Vimos na figura da página anterior, no alto, que a arquitetura gótica era a repetição de uma estrutura vertical que lembra os dominós enfileirados. Como evitar que as peças (arcos) desabassem umas sobre as outras ou se rompessem elas próprias? No primeiro caso, havia anteparos no início e no final da repetição: a grossa parede de entrada funcionava com trava inicial e a abside ou capela, no fundo, impedia o desabamento no término da fileira.

Mas e a estrutura propriamente dita, o arco que se repetia, estava baseado em que princípio? Ele e seus arcos botantes eram obtidos a partir de modelos reduzidos feitos de tecidos, de gesso e de cordões. O cordão embebido em gesso úmido assume, ao endurecer, a forma da catenária, curva modelada pela força da gravidade. Parece simples demais! E é! Tão simples que o segredo ficou perdido durante séculos e veio a ser desvendado pelo arquiteto Antonio Gaudí, um Gênio pouco reconhecido e pouco divulgado (notem que eu escrevi Gênio com a primeira letra maiúscula!), mesmo por seus colegas e sobretudo por professores de Arquitetura. Nas aulas que me dariam o diploma de arquiteto, nenhum de meus mestres fez referência ao nome de Gaudí ou à sua obra. Silêncio total. Estranho, não?

No projeto para a Basílica (não é catedral!) da Sagrada Família, em Barcelona, Antonio Gaudí mostrou ter desvendado o segredo da concepção da arquitetura gótica, que era **bidimensional**, formada por arcos e abóbadas em sucessão, e extrapolou para uma estrutura **tridimensional** em que os pilares se ramificam como uma árvore. Gaudí dizia que "a originalidade está em voltar às origens". Dito e feito!

O que Gaudí projetou? Nessa fotografia do interior da Basílica da Sagrada Família, em Barcelona, Espanha, percebe-se que o módulo bidimensional – típico da arquitetura gótica e caracterizado por sua repetição – foi substituído por uma estrutura tridimensional com unidades similares, porém não repetidas.

A fotografia acima é de um estágio em que os vitrais não estavam colocados, ou seja, a construção ainda estava em andamento com previsão de mais algumas décadas para a conclusão.

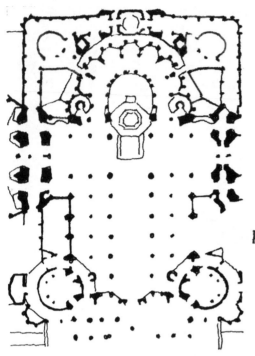

Planta

Gaudí dizia que desenhos técnicos como plantas, cortes e fachadas, embora imprescindíveis para a construção e o planejamento, não transmitem o **caráter** do projeto. Observando essas duas páginas, percebe-se o que ele falava.

Corte transversal

É pouco comum um projeto arquitetônico atender a tantos aspectos como:

- Forma
- Função
- Cor
- Textura
- Iluminação
- Ventilação
- Acústica
- Uso de material local
- Tecnologia da época
- Estrutura
- Escultura integrada

Arcos & abóbadas

De que origens Gaudí falava? O que isso significa? Quer dizer que as superfícies curvas existem há milhões de anos e os primeiros usuários podem ter sido os pterodáctilos, há cerca de 30 milhões de anos. Depois vieram os morcegos.

"Chego a voar 60 km. Tenho parentes menores e outros bem conhecidos!"

Depois dos animais, o homem demorou a utilizar superfícies curvas; elas podem ter começado com a utilização em velas de navios pelos chineses e pelos antigos egípcios, que, ao contrário do que se divulga, eram bons navegadores e usaram barcos para invadir e conquistar terras vizinhas, não apenas para levar os faraós à vida eterna. Vale lembrar que o casco do barco egípcio era, estruturalmente, uma treliça!

Ao passar de asas e velas para tetos e superfícies, sejam planas ou curvas, o homem se deparou com problemas novos pela frente. Ou por cima, já que a gravidade se tornou um problema.
Arqueólogos descobriram restos de antigas construções feitas de barro com

cobertura presumivelmente feita de galhos de árvores, de folhas e de barro. Um iglu de argila! Sendo material pouco duradouro, quase nada resta para documentar como seriam esses abrigos. Fica a evidência de que um teto sólido faz parte da vida civilizada, apesar de seu peso exigir paredes fortes, capazes de suportar empuxos laterais.

> Se o construtor levantou pontes, deve estar consciente de que a edificação de abrigos permite o uso de paredes mais delgadas do que os apoios de pontes, embora a carga do teto dê nascimento a esforços laterais que devem ser considerados a fim de evitar desmoronamentos.

Pouco se sabe, além de conjecturas, a respeito de como os gregos antigos cobriram seus templos e casas, uma vez que a madeira tem vida curta e não foram encontrados registros gráficos. Os antigos romanos foram bons construtores e aderiram aos arcos e abóbadas, introduzindo a construção de paredes finas e paralelas, tendo o intervalo entre elas preenchido por concreto. Não o concreto atual, feito com cimento, areia e brita, mas de outro tipo, que era composto por cacos de vasos de vinho, cerâmica cozida. Daí, pode-se deduzir que os romanos e bizantinos, usuários desse tipo de construção, eram também mestres em degustação de vinhos, a menos que despejassem fora o conteúdo a fim de quebrar os vasos para compor o concreto.

Tais paredes, ditas concretas, além de estáveis como estrutura, tinham a vantagem de isolar o calor. Por outro lado, elas criam o problema de abrir janelas em paredes espessas; por esse motivo tais vãos eram pequenos e colocados no alto (também por questão de segurança contra os invasores; tanto os estrangeiros como os sem terra).

Lançamento e apiloamento

Para os povos do Norte europeu, de clima frio, janelas pequenas e no alto se justificavam. Difícil é aceitar esse costume nas regiões ensolaradas do Mediterrâneo; como é o caso de Pompeia, onde paredes eram pintadas de vermelho escuro ou de... preto! Vale notar que nesta época já se fabricavam vidros.

No Norte da Europa, os castelos escuros e com poucas janelas podem ter incentivado os barões a saírem guerreando ao ar livre, juntando o útil ao agradável: o útil lazer e o agradável saque, para não dizer roubo à mão armada. Somente na Idade Média os construtores resolveram valorizar janelas, vãos e vitrais coloridos; foi a época das catedrais góticas.

Por terem altura elevada, as paredes laterais dos templos eram reforçadas por pilastras, porém ao custo de reduzir a iluminação das janelas. Até que uma ideia acendeu: criou-se o arco botante ou, em última análise, um vão na própria pilastra! Com a vantagem de iluminar mais e gastar menos material.

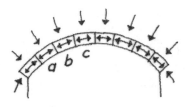

Os arcos como estrutura

As aduelas **a, b** e **c** têm comportamento estrutural idêntico, apesar de os leigos acreditarem que o bloco **c**, ou coroa, no cimo do arco, tenha propriedades diferentes. Na verdade, a diferença está apenas na decoração em relevo aplicada às faces do bloco.

O arco recebe as cargas verticais e as repassa como cargas laterais ou empuxos; cada bloco empurra os vizinhos e este empuxo chega até o começo do arco.

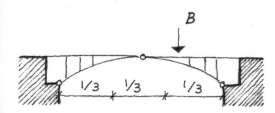

As primeiras pontes metálicas possuíam três articulações. Quando em pedra, as juntas entre os blocos se comportam como as juntas de uma parede vertical de pedra. Se a linha de carga fica além do trecho médio (em B, por exemplo), surge uma rachadura. Contudo, os arcos são bastante estáveis e chegam a apresentar fendas sem que desabem.

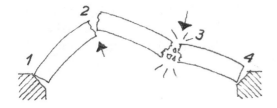

Para que o arco ou ponte venha abaixo são necessárias QUATRO articulações. Quando se vai dinamitar uma ponte, o explosivo será colocado na terceira articulação. É tiro e queda... literalmente!

As paredes se comportam de modo diferente dos arcos. Os fossos comumente encontrados em volta de castelos tinham também a função de evitar que os alicerces de contorno fossem escavados; uma vez que as paredes externas eram levantadas sobre fundações ou estacas de madeira, bastava cavar um buraco na base e acender fogo nos troncos do alicerce. Uma parte da muralha externa ficava sem apoio e vinha abaixo; logo a seguir, vinham os invasores.

Pode-se observar que monumentos antigos construídos com arcos e abóbadas sobreviveram graças a sua estabilidade. Outro motivo é que os blocos dos arcos, não sendo prismas retos, são inadequados para levantar paredes; consequentemente, eles não eram roubados. Isso ocorreu também com os blocos cônicos que formam colunas, como é o caso de templos persas, gregos e romanos. Muitas delas, como os arcos, permanecem até hoje em seus lugares, embora as paredes tenham sido levadas para novos locais... pelos donos do alheio.

Visão espacial (3)

Um colega aposentado contou que gostaria de me mostrar um estudo sobre perspectiva. Ciente de que esse colega era portador de séria deficiência visual, fui conhecer o trabalho: não mais que meia dúzia ou pouco mais de figuras feitas à mão com lápis de ponta grossa 4B. Em lugar de texto, explicações verbais.

Logo captei a ideia geral: a generalização do conceito de traço de uma reta sobre o plano, enfim, a perspectiva com três fugas (com desculpas pelo trocadilho) sob **novo** ponto de vista!

Em todos os livros que eu conhecia, a construção da perspectiva com três fugas (no jargão acadêmico: perspectiva aerotrifugada) é apresentada em três traçados isolados e, pouco a pouco se vai montando a figura final. A ideia proposta é construir a figura resultante em uma única épura.

É um conceito simples, mas ninguém antes havia feito dessa maneira. Para os estudiosos, não havia novidade alguma; contudo, para o principiante é uma ajuda formidável. Tanto assim que eu incorporei essa proposta em meu livro *A perspectiva dos profissionais* (2ª edição), com o devido crédito ao autor, Paulo Gondim Vaz de Oliveira, arquiteto e ex-professor da UFPE.

Visão espacial (4)

Ao perceber em minhas aulas – mistura de apresentação oral com a prática de prancheta – que parte dos alunos tinha dificuldade de se expressar por meio de esboços, desenvolvi exercícios como os que se seguem:

1. O aluno recebe cópia de planta e fachada (em alguns casos, também o corte) de um projeto. Ver exemplos abaixo.
2. Em até 20 minutos, ele esboça em papel A4 a volumetria do projeto, sendo livres a utilização de lápis, hidrocor ou aquarela, assim como o tipo de perspectiva: cavaleira, isométrica ou cônica e o uso de sombras e de cores.
3. Com a repetição dos exercícios, o desempenho deles vai tendo o tempo reduzido e há melhora da qualidade de apresentação gráfica.

Os resultados foram animadores e persistiram ao longo do curso.

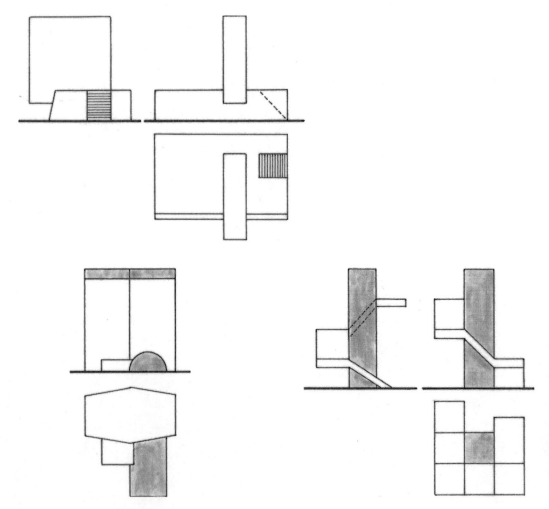

Capítulo 4

CLASSIFICAÇÃO DAS SUPERFÍCIES

Conteúdo: classificação geométrica das superfícies. Síntese de coberturas viabilizadas pela tecnologia. Exercício com dobraduras e suas implicações no processo de aprendizagem.

Toda classificação parte de um critério que o autor escolheu priorizar, assim, elas tendem a se multiplicar, seja nos reinos da natureza ou na Matemática. A mais conhecida nesse assunto segue a orientação do Prof. Álvaro José Rodrigues e nossa contribuição aqui se limita a ilustrar aquilo que foi apresentado como uma lista sequencial e, nas duas páginas a seguir, aparece com figuras.

O Prof. Alcyr Pinheiro Rangel organizou outra classificação que é, do ponto de vista matemático, muito bem elaborada, no entanto teve pouca divulgação. Ela exige do usuário bom conhecimento matemático e geométrico.

Classificação das superfícies

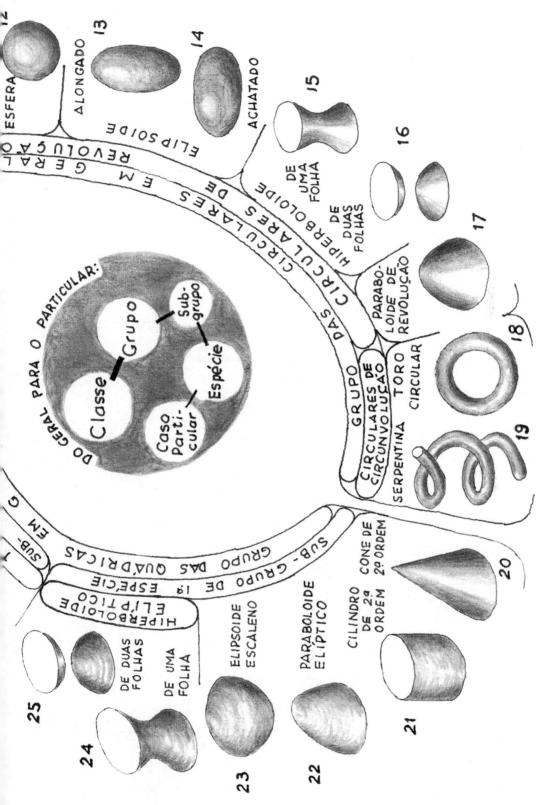

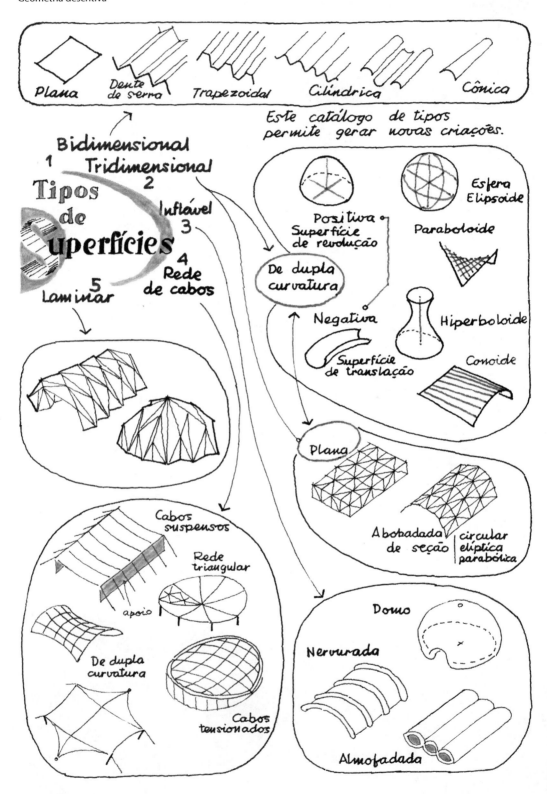

Classificação das superfícies

A figura da página anterior não pretende ser uma classificação; trata-se de uma tentativa nossa de sintetizar algumas superfícies tornadas economicamente viáveis diante de novas técnicas construtivas.

Em alguns casos, a construção tornou-se viável após estudo de peças de união dotadas de flexibilidade e tal projeto exigiu bom domínio de percepção espacial, aliado ao conhecimento das técnicas de fabricação de metais.

Com relação ao item 5 da página anterior, obtivemos bons resultados em sala de aula com o exercício que descreveremos.

Material necessário: uma folha de papel vegetal de 90 g/cm^2 no formato A4 a ser desenhada e dobrada como se indica.

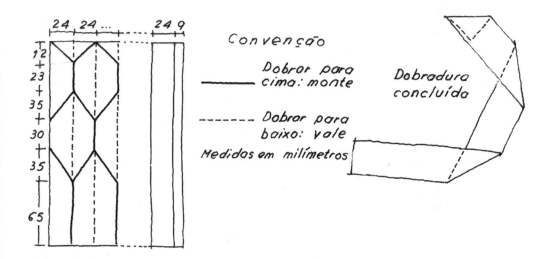

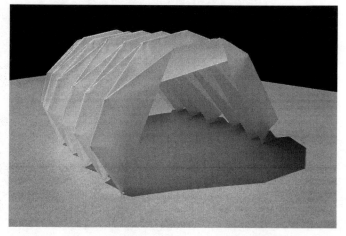

O exercício começa como aplicação do origami, a tradicional dobradura de papel nascida no Japão, mas vai além. O aluno poderá ver (e tocar) a dobradura em diferentes posições como abóbada laminar, ao lado.

Geometria descritiva

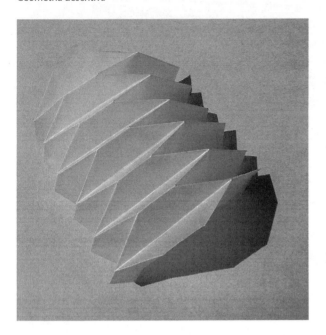

O exame continua: aqui a mesma maquete é vista do alto. Se forem aplicadas cores nos polígonos, a maquete assume outro aspecto. O efeito visual se reforça quando a abóbada é iluminada por uma lanterna, colocada dentro ou fora do modelo, acentuando o colorido e criando sombras.

Variantes do exercício: o modelo pode ser apoiado sobre suas dobras maiores formando um abrigo, como se vê ao lado e na página seguinte.

Classificação das superfícies

A figura ao lado mostra a mesma dobradura agora acrescida de mais faixas (2 folhas A4) e enrolada de modo a formar um balão ou luminária.

Ao utilizar variações das dobraduras, as formas se multiplicam enormemente. O origami como objeto ou como maquete arquitetônica nada tem de novidade. Ele representa, no entanto, apelo motivacional de grande valor, sobretudo para alunos iniciantes por conta de seus aspectos visuais e táteis (ou sinestésicos) como reforço da aprendizagem. Vale lembrar que o genial arquiteto catalão Antonio Gaudí dava ênfase às maquetes; isto está claro em suas palavras e no fato de que ele contava em sua equipe com um arquiteto especialista em maquetes. É uma lição que raros cursos de Arquitetura assimilaram, pois se prefere dar prioridade (às vezes, exclusividade) à computação gráfica. Para dizer o mínimo, isso significa não reconhecer a diversidade humana e os estilos individuais de aprendizagem (ver adiante).

Estilos de ser e de aprender

Acredita-se que em algum momento da infância fomos sinestésicos. E isso vem a ser o quê? Significa ouvir cores, ver sons, associar uma textura ao sabor, sentir o sabor das palavras. Seria algo lá nas profundezas da mente, na intuição. Pode parecer estranho, porém, na verdade, temos muitas outras capacidades em grau maior ou menor.

Ao pensar ou criar, em geral, elaboramos inicialmente imagens, diagramas, esboços, isso é a **capacidade visual**. Bons escritores descrevem os lugares, as pessoas e os objetos porque os veem na mente. O mesmo acontece com o indivíduo que projeta um objeto, uma edificação, um filme, uma represa.

A **capacidade auditiva** se revela em assuntos musicais ou em atividades rítmicas: o balé, tocar um instrumento, falar com onomatopeias ou sons.

A **capacidade sinestésica** revela uma pessoa que entende o mundo pelo tato, pelo gosto e pelo olfato e que aprecia o movimento. Se o professor fica estacionado no mesmo lugar, a assimilação do assunto pelos alunos sinestésicos fica prejudicada.

Convém que o professor se desloque pela sala e associe imagens, sons e ritmos a sua fala, de modo a alcançar alunos com diferentes estilos de aprendizagem.

Capítulo 5

Conteúdo: superfície reversa; definição e discussão. Modelos físicos e a construção gráfica. Variações de forma ou a versatilidade do paraboloide hiperbólico. Exemplos de aplicação na construção civil. O motivo da designação.

Definição

O paraboloide hiperbólico é uma superfície **reversa** gerada pelo movimento de uma reta (geratriz) de tal modo que duas posições consecutivas sejam retas que se cruzam.

A superfície não é desenvolvível, isto é, ela não pode ser planificada, o que vai contra o senso comum: se a superfície é reversa, ela deveria ser reversível, conversível a um plano ou superfície, no entanto, isso não é possível.

Em espanhol fala-se de *superfície alabeada*, que vem de *alabear*: entortar, empenar. Os franceses dizem *surface reglée*, isto é, superfície formada por réguas ou retas; a terminologia é vaga. Em francês, reverso seria *opposé, contraire*, enquanto revesso (com dois esses) é *noyeux*, ou nodoso, madeira com nós, e torcido seria *tordu*. No inglês, teríamos reverso como *reverse* e torcido seria *bent* ou *twist*.

Creio que seja mais adequado, no caso de tais superfícies, falar de **superfície torcida** ou empenada, entortada.

Geometria descritiva

Embora a definição da página anterior atenda à Matemática e à Geometria, ela não ajuda a visualizar a figura. Para isso, temos alternativas:

1ª opção: Modelo físico

1. É preciso que seja um cubo de material fácil de ser cortado, como sabão, poliuretano expandido (isopor), argila úmida, gesso ou espuma de borracha.

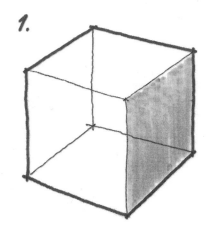

2. Fazemos um corte segundo um plano oblíquo passando pelos pontos A, B, C.

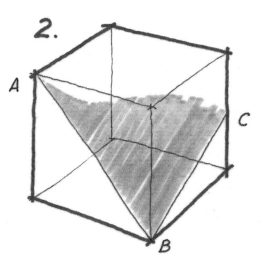

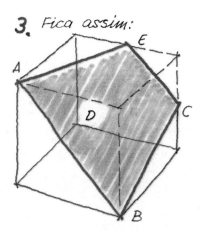

3. Fica assim:

4. Faz-se outro corte oblíquo passando por ACD; forma-se um diedro tendo AC como reta comum.

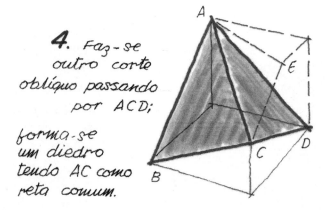

Paraboloide hiperbólico

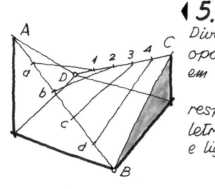

5. Dividem-se os lados opostos AB e CD em N partes iguais, designadas, respectivamente, por letras e algarismos e ligam-se por retas: $a1, b2, c3, ...$

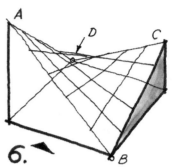

6. Forma-se uma sela ou superfície curva: é o paraboloide hiperbólico.

Outra construção da maquete:

- a • Prancha de isopor (poliuretano expandido).
- b • Quatro varetas de churrasco
- c • Fio de lã ou linha grossa.
- d • Cola rápida.

Sequência da montagem:

1 • Fixar as varetas obliquamente em B e D.
As alturas $\overline{Am}$ e $\overline{Cn}$ podem ser diferentes.

2 • Dividir cada vareta em N partes iguais.

3 • Colar fio ligando cada ponto da divisão ao "simétrico" do lado oposto.

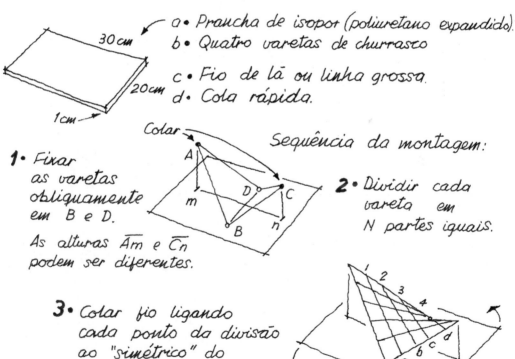

Quando a maquete é girada, o observador vê diferentes aspectos do paraboloide hiperbólico.

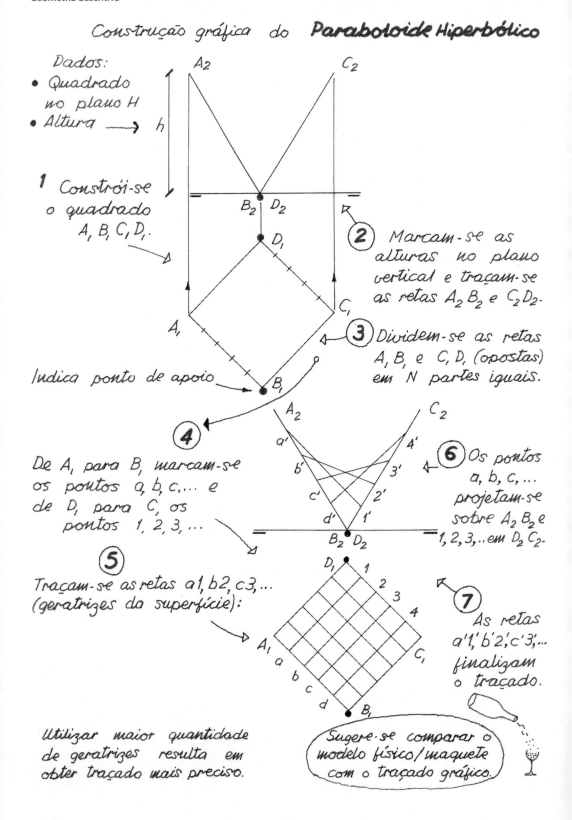

Paraboloide hiperbólico

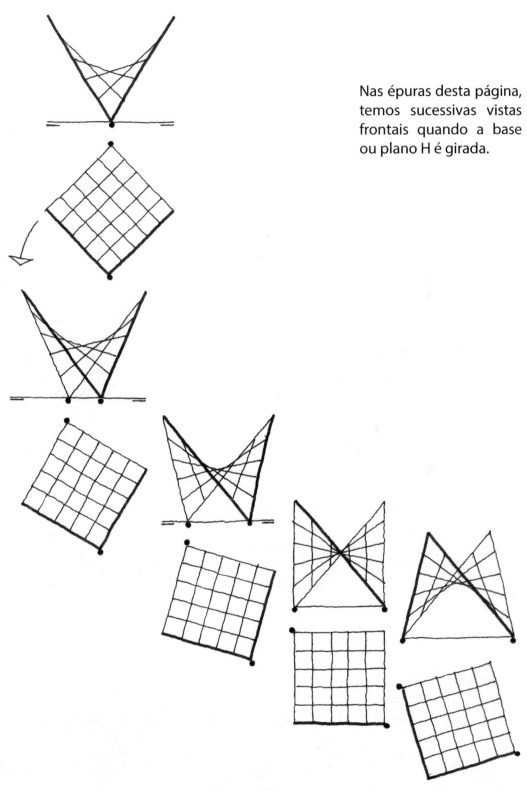

Nas épuras desta página, temos sucessivas vistas frontais quando a base ou plano H é girada.

Versatilidade do paraboloide hiperbólico ou variações de forma

1. A **base** pode deixar de ser um quadrado: ela pode ser um retângulo ou quadrilátero qualquer desde que o polígono seja torcido, isto é, reverso.

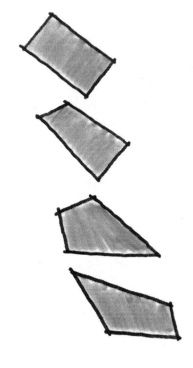

2. **Altura**: cada vértice do quadrilátero pode ter altura diferente das demais, desde que as retas opostas tenham inclinações diferentes. Em outras palavras: retas opostas do polígono de contorno não podem ser paralelas; nesse caso, a superfície será plana e não torcida (reversa). Nesse exemplo, o contorno dos paraboloides deixa de ter lados paralelos e as alturas dos vértices são diferentes.

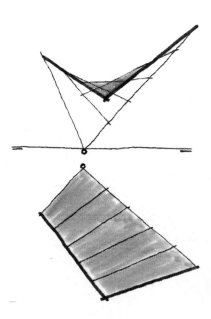

3. **Cortes**: a maneira mais simples de desenhar um paraboloide utilizando instrumentos é a partir de um quadrilátero. A seguir, a superfície poderá ser cortada de modo a assumir a forma de planta desejada, como se vê nos exemplos adiante.

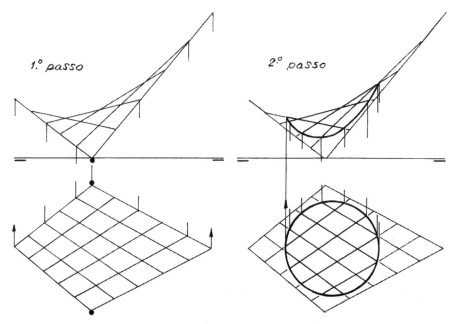

4. **Expansão**: a partir da representação do quadrilátero e de suas geratrizes, o simples prolongamento dessas geratrizes até chegar ao contorno desejado é feito como se vê no exemplo.

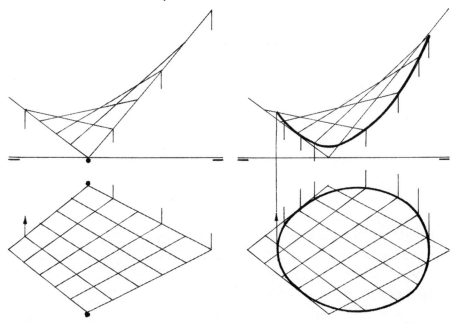

5. **Agrupamento**: os paraboloides podem ser planejados isoladamente ou em grupos de dois ou mais. As figuras e épuras a seguir ilustram algumas possibilidades entre uma grande variedade de casos possíveis.

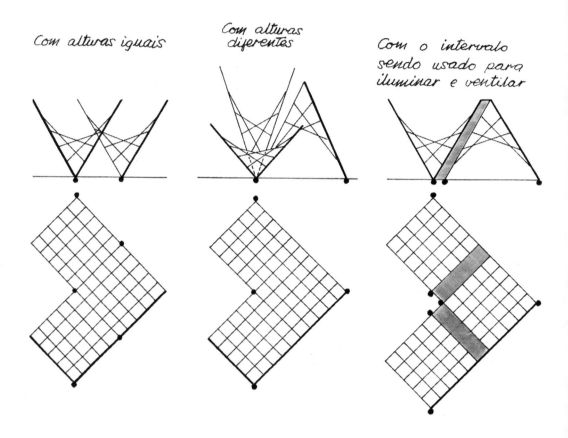

A execução do paraboloide no canteiro de obras é simples graças às suas geratrizes retilíneas e à reduzida demanda de material na obra por se tratar de estrutura autoportante, ou seja, que dispensa vigamento. Pode-se exemplificar com a construção, em 1951, de uma cobertura parabólica com vão de 12 m, tendo na parte superior 1,5 cm de espessura e na borda inferior 5 cm; como foi dito, não há vigamento.

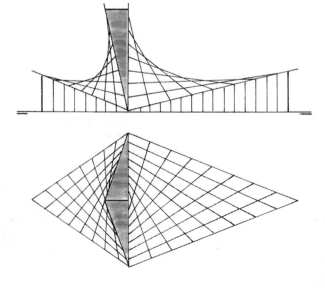

Paraboloide hiperbólico

O primeiro paraboloide foi construído pelo arquiteto catalão Antonio Gaudí. Trata-se da Cripta da Colônia Güell (acima), projetada ao longo de dez anos, e erguida nos arredores de Barcelona, em 1917, a partir de uma estrutura empírica construída sob orientação do projetista arquiteto. O material utilizado foi tijolo maciço e blocos de basalto.

Geometria descritiva

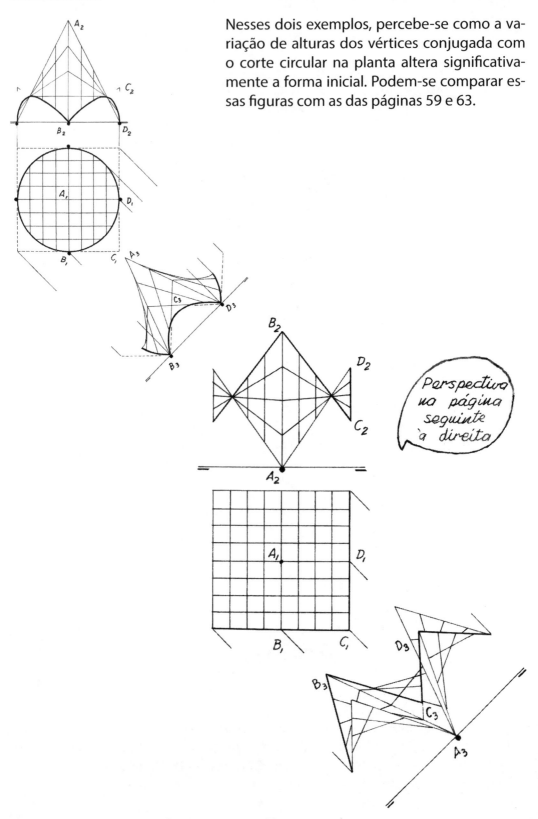

Nesses dois exemplos, percebe-se como a variação de alturas dos vértices conjugada com o corte circular na planta altera significativamente a forma inicial. Podem-se comparar essas figuras com as das páginas 59 e 63.

Perspectiva na página seguinte à direita

Paraboloide hiperbólico

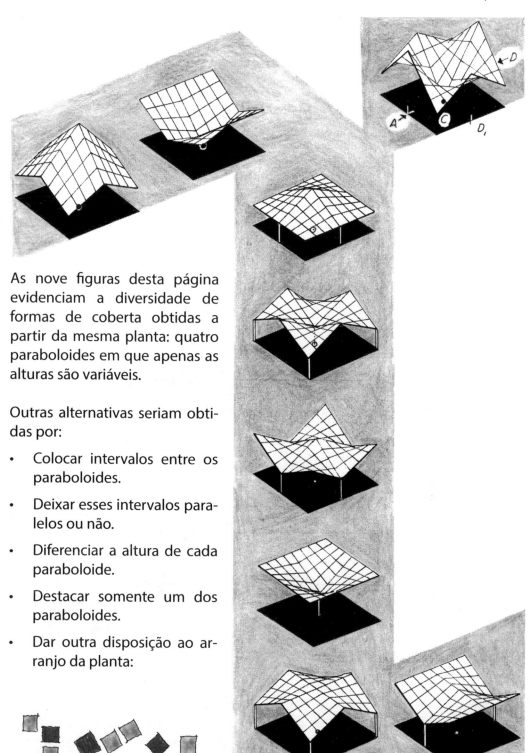

As nove figuras desta página evidenciam a diversidade de formas de coberta obtidas a partir da mesma planta: quatro paraboloides em que apenas as alturas são variáveis.

Outras alternativas seriam obtidas por:

- Colocar intervalos entre os paraboloides.
- Deixar esses intervalos paralelos ou não.
- Diferenciar a altura de cada paraboloide.
- Destacar somente um dos paraboloides.
- Dar outra disposição ao arranjo da planta:

Geometria descritiva

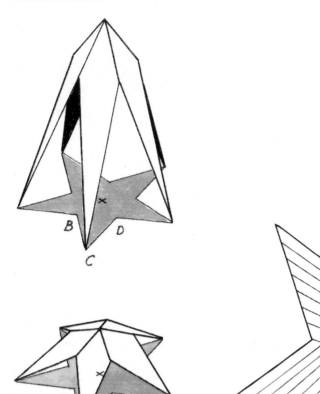

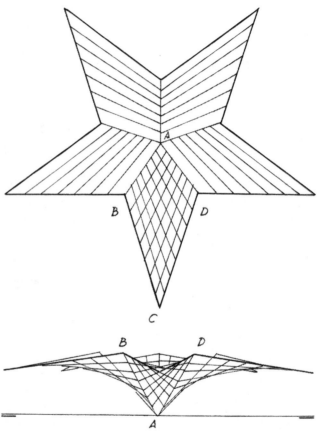

O agrupamento de paraboloides resultou em uma figura que lembra as pétalas de uma flor. A mesma planta com variações nas alturas dará origem a formas completamente diferentes (acima, à esquerda). Foi essa manipulação de formas que deu fama ao arquiteto Félix Candela, autor de muitos projetos na década de 1960.

Paraboloide hiperbólico

Acima, dois paraboloides se confrontam no meio de uma praça. Mais abaixo: o paraboloide utilizado como marquise marca a entrada de uma edificação para fins comerciais.

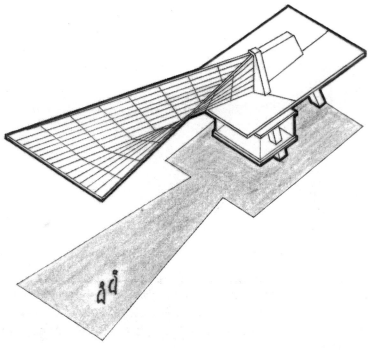

O porquê dos nomes

A designação complicada e extensa pode ser justificada:
Se prolongarmos as geratrizes como **a'1'** e **10j** até o plano horizontal, vemos que elas encontram o dito plano segundo uma hipérbole; fica explicado o segundo nome da figura.

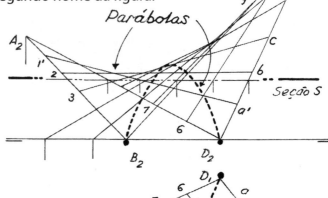

Geratrizes consecutivas podem ser paralelas na projeção horizontal, porém – por definição – elas são concorrentes.

A seção do paraboloide por um plano horizontal, como S na figura, dá origem a outra hipérbole ou porção dela, como mostra a projeção horizontal.

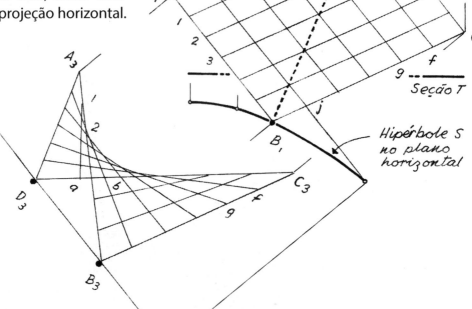

Ao traçar a projeção vertical, vemos que as geratrizes definem no plano vertical duas parábolas que podem ou não ser aparentes.

O mesmo ocorre ao secionar a figura por um plano vertical T: na projeção vertical aparecerá uma porção da parábola. Na épura da página anterior essa curva não está desenhada a fim de não prejudicar com excesso de traços a compreensão.
A representação do paraboloide em perspectiva paralela evidencia o que ficou dito quanto à figura da página anterior.

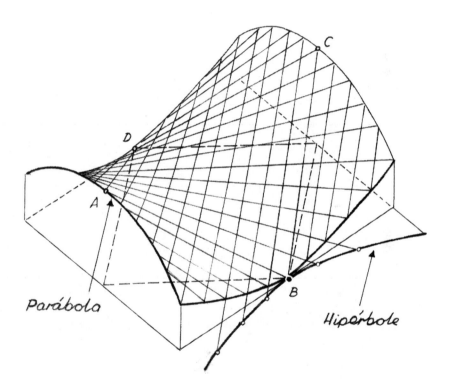

A *emoção explicada* (Ou não?)

Por que o compositor usou este ou aquele acorde em sua canção? Temos de convir que música não se presta para ser analisada ou compreendida. Você gosta ou não; você desfruta da melodia ou procura outra composição.

"Eruditos" críticos de cinema tentavam justificar porque Fellini ou Glauber Rocha usaram tal ou qual recurso em um filme ou procuravam interpretar o significado do gesto de um(a) intérprete. Por favor, isso não tem o menor sentido!

Na área da Geometria, surgiu a tese do colega X, que, em resumo, justificava por meio de transformações geométricas a composição de obras de grandes mestres da pintura. O Sr. X explicava que uma figura triangular (*) aqui era equilibrada ou harmonizada por outro triângulo acolá, transparecendo que criação artística é mero algoritmo geométrico.

O colega Y, conhecido por sua objetividade, discordava desses argumentos matemáticos e solicitou que o autor da tese CRIASSE uma cena, um simples esboço; o solicitado escafedeu-se rapidamente e, para alívio geral, deixou de fazer a defesa de sua "tese", com ou sem aspas.

A Arte não se explica; sente-se.

(*) Por que não quadriláteros?

A *lição do professor*

Em 1957 eram raros os doutores da UFPE e um deles assumiu, em uma turma de concluintes de Arquitetura, a disciplina de Sistemas Estruturais. Na aula inicial, o Professor começou falando aos estudantes que, por ser Engenheiro e não Arquiteto, tinha dúvidas sobre o conteúdo e finalidade da disciplina e, de imediato, abriu debate sobre o assunto. Essa postura me chocou, pois era habitual o responsável trazer um programa pronto e começar a aula, sem mais conversa.

Durante duas horas, os 23 alunos e o professor trocaram ideias e surgiu o consenso de que raros arquitetos se dedicam ao cálculo estrutural e que todos deveriam conhecer o funcionamento de estruturas usuais, avançando, se tanto, até o pré-dimensionamento de vigas e de lajes.

No decorrer do curso chegaram informações sobre o Professor e seu doutoramento nos Estados Unidos. Era evidente o contraste com outros doutores retornando do exterior, que somente aceitavam disciplinas de pós-graduação; nessa altura, estava patente a silenciosa lição de humildade do Professor (depois Emérito) Jaime de Azevedo Gusmão Filho, um exemplo com poucos seguidores.

Capítulo 6

Conteúdo: dois casos de geração do hiperboloide de revolução. Elementos da figura. Algumas aplicações na indústria mecânica e em Arquitetura. O hiperboloide de duas folhas. Traçado geométrico do hiperboloide.

Embora a figura acima seja um hiperboloide, ela não é – do ponto de vista matemático – considerada uma superfície de revolução.

Ao lado temos uma superfície de revolução; se a hipérbole fizer um giro de 360°, teremos o hiperboloide de revolução. Quando o giro se faz segundo uma elipse no plano H (não desenhada), teremos o hiperboloide elíptico.

O círculo limite é uma figura abstrata criada para fins de representação gráfica, uma vez que a hipérbole é uma curva infinita ou não fechada.

Outros elementos da figura:
- Círculo de estrição, de compressão, de estrangulamento, círculo de gola ou apenas GOLA.

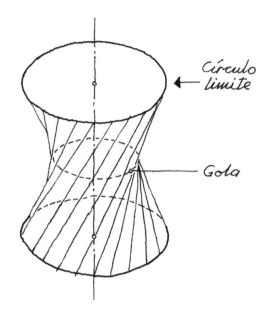

O hiperboloide de revolução, comumente chamado apenas pelo primeiro nome, tem sido aplicado na construção, embora sem ter a aceitação generalizada do paraboloide hiperbólico. Os russos podem ter sido os primeiros a tirar a forma do papel e aplicá-la à estrutura de caixas d'água.

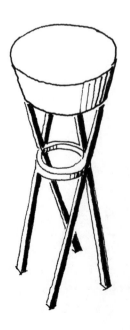

Outros exemplos do hiperboloide de revolução:
- A Catedral de Brasília.

- Torres de refrigeração de centrais atômicas.

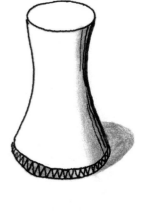

- A cesta de basquetebol.

- A caixa de engrenagens ou diferencial do eixo traseiro de veículos, que transmite a força do eixo motor para as rodas.

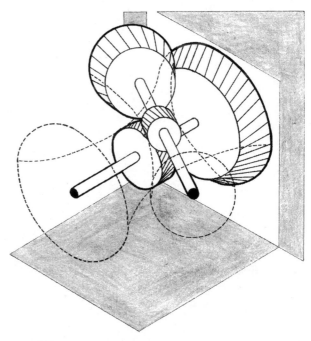

- O hiperboloide de duas folhas.

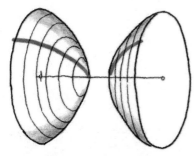

Traçado geométrico do hiperboloide.

Dados:
- Um eixo horizontal
- O círculo de gola pq
- O círculo limite mn

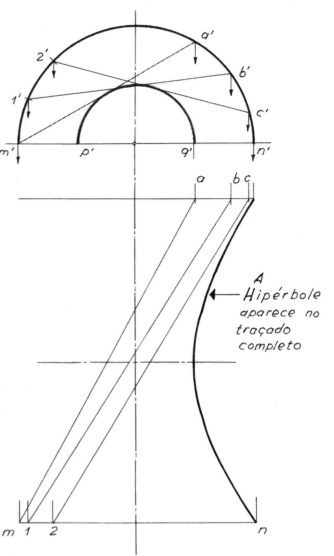

São duas circunferências, sendo o limite uma seção perpendicular ao eixo.

Dividimos as duas circunferências limite em partes iguais. Aqui optamos por representar somente metade da figura, a fim de evitar excesso de traços.

Em cada ponto da divisão traçamos uma tangente ao círculo de gola, que é prolongada até o círculo limite oposto. Assim, temos **m'a'** (o ponto de tangência pode deixar de ser desenhado), sendo **a'** o limite da geratriz, **1'b'**, **2'c'** etc. na projeção vertical, e, na horizontal, **ma**, **1b**, **2c** etc.

Para obter o traçado completo, outras geratrizes deverão ser representadas.

Podem também ser traçadas geratrizes em direções opostas, como na figura ao lado.

O hiperboloide pode ser gerado, como vimos inicialmente, a partir de uma hipérbole de revolução ou a partir de geratrizes retas; a figura resultante é uma só.

Capítulo 7

Conteúdo: definição do cilindroide. Diferenças entre a superfície cilíndrica e o cilindroide. Aplicações antigas e atuais. Alguns exemplos e seus traçados geométricos em épura.

O cilindroide tem duas diretrizes curvas e um plano diretor. Nas aplicações, em geral, essas curvas estão limitadas a elipses ou circunferências situadas em planos não paralelos entre si. Os pontos extremos (**a** e **b** na figura a seguir) devem ser equidistantes do plano diretor ($h_1 = h_2$).

Pode haver porções do paraboloide hiperbólico ou do conoide (capítulo a seguir) que sejam cilindroides; do ponto de vista prático não há importância alguma nessa ocorrência. Mas ela levanta uma questão:

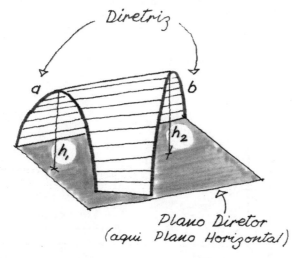

Qual a diferença entre a superfície cilíndrica e o cilindroide? Na superfície cilíndrica, as bases, quando estão presentes, são idênticas e paralelas, enquanto no cilindroide as bases ou diretrizes não são paralelas e são curvas diferentes em planos oblíquos entre si.

Aplicações

O cilindroide é comumente utilizado em abóbadas, particularmente quando o intradorso (face interna) passa de uma curva para outra diferente, estando essas curvas em planos não paralelos.

Como o cilindroide apresenta flexibilidade, ele é também utilizado na fuselagem de aviões, no casco de navios e em automóveis, desde a carroceria a elementos internos como puxadores de portas, painel de instrumentos, consoles, assentos etc.

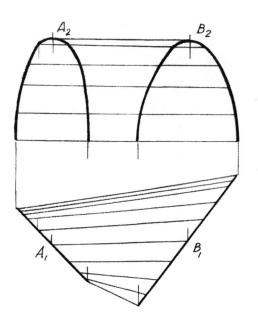

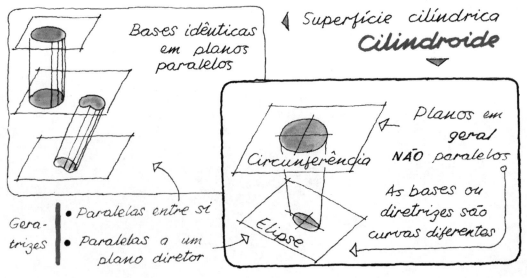

Cilindroide

Em construções antigas, sobretudo nas de pedra, o cilindroide é uma superfície de transição entre duas curvas, recebendo o nome de capialço ou capialçado. Trata-se de uma superfície torcida ou reversa, semelhante ao cilindroide, embora não possua plano diretor e suas diretrizes estejam sobre planos paralelos.

A representação dessa figura se faz aqui para lembrar que os construtores antigos resolveram de modo experimental e por intuição muitos problemas; ou, em outras palavras, mais uma vez a Ciência e a Matemática chegaram atrasadas. Os arquitetos da antiguidade estavam lá adiante numa charrete quando a Matemática chegou com a roda...

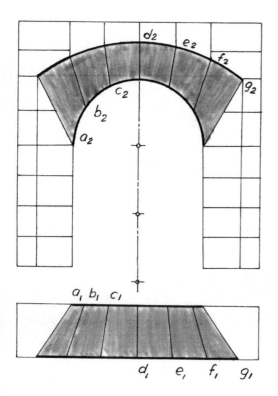
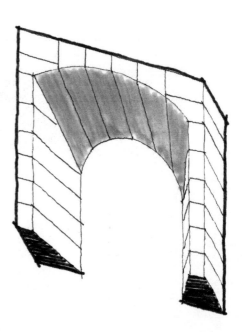

Geometria descritiva

A figura abaixo é um cilindroide com duas diretrizes: de um lado, meia circunferência **AB** e, do outro, meia elipse **CD**, ambas dadas por suas projeções H e V. O plano diretor será aquele definido pelos pontos **A, B, C, D**; plano oblíquo, portanto.

Definem-se pontos **a, b, c** na projeção vertical da circunferência e suas projeções **a', b', c'** no plano horizontal. As alturas ou cotas desses pontos H_a, H_b, H_c são transportadas para a projeção vertical da elipse em **1, 2, 3** e daí para a projeção horizontal em **1', 2', 3'**.

A orientação para o traçado gráfico pode ser acompanhada na perspectiva cavaleira bastando adaptar a nomenclatura dos pontos.

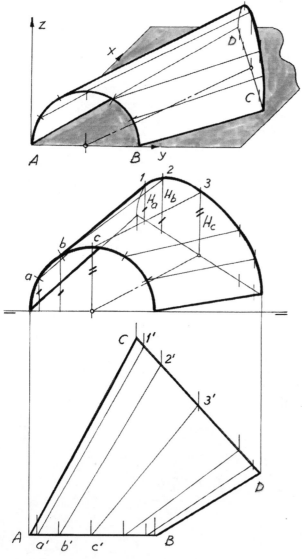

O exemplo desta página é um cilindroide ou coberta apoiada em duas retas horizontais opostas e tendo diretrizes sobre planos que formam um diedro γ no plano vertical. O plano diretor é o plano vertical de projeções ou PV.

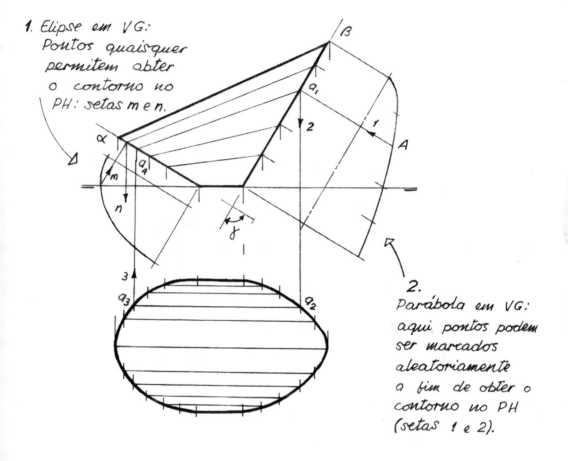

3. Por cada um desses pontos traçam-se paralelas ao plano diretor, que aqui é o plano frontal, e encontram-se pontos na segunda diretriz ou elipse α no plano horizontal de projeções.

4. As projeções horizontais desses pontos permitem obter suas projeções verticais (seta 3).

5. Ligam-se na projeção vertical os pontos correspondentes das duas diretrizes, definindo assim a superfície.

A essência do curso

O ano era o de 1981. O curso de Arquitetura da UFPE passava por mudanças visando seu aperfeiçoamento. Na disciplina de GD eu me preparava para incluir no programa conceitos sobre o espaço, conforme estudos da escola austríaca, sobretudo Mach e Shlick. Em viagem ao Japão, encontrei o ex-aluno Adelmo J. S. Ramos, que fazia mestrado na Universidade de Tóquio e pedi-lhe que marcasse encontro com o arquiteto Kogi Yagi, responsável pela disciplina de GD naquela universidade. Falei de meu projeto e ele me assegurou desconhecer aqueles estudos ou seus autores. Pedi-lhe, então, que me apresentasse como a GD era ensinada aos futuros arquitetos japoneses. Percebi que o curso era claramente calcado na obra de FIC, considerada livro-texto do ensino médio no Brasil.

Pedindo desculpas pela sinceridade, disse-lhe que o curso me parecia elementar e que tais conhecimentos eram incompatíveis com o progresso da arquitetura japonesa, que já havia conquistado mercados na Ásia e no Oriente Médio e se preparava para entrar no mercado da Europa e da América do Norte.

O Professor Yagi respondeu que os alunos recebiam conhecimentos básicos das disciplinas do curso, acrescidas de informações sobre as técnicas construtivas mais recentes. E acrescentou literalmente:

"Professor Gildo: se o aluno que entra aqui [na Universidade de Tóquio] **for um arquiteto, somente precisaremos de um toque para fazê-lo brilhar. Se ele não o for, nem em vinte anos faremos dele um arquiteto."**

Essa frase impactante foi o início de um diálogo que me levou ao estudo da criatividade e do desenvolvimento do potencial humano. A ideia não envolvia a aquisição de nenhum aparato tecnológico, contudo meus colegas de ensino pouco crédito deram à noticia. Nem mesmo quando, três anos depois, fiz no Centro de Artes da UFPE uma exposição de trabalhos de alunos onde se evidenciava sua aprendizagem, sua habilidade e sua criatividade. Diversos desses trabalhos estão incluídos em meu livro A *invenção do projeto*, publicado pela editora Blucher.

Mais de trinta anos depois, a criatividade continua sendo a prima pobre – no duplo sentido – da maioria dos cursos de arquitetura.

Moral da história: cada um acredita naquilo que quer. Ou no que lhe foi ensinado.

Capítulo 8

Conteúdo: descrição e elementos da superfície. Variações e alguns traçados. Exemplos de aplicações na construção civil.

O conoide é uma superfície torcida (reversa) e aparece comumente como elemento de transição entre formas diferenciadas. São elementos do conoide:
1. Geratrizes.
2. Duas diretrizes.

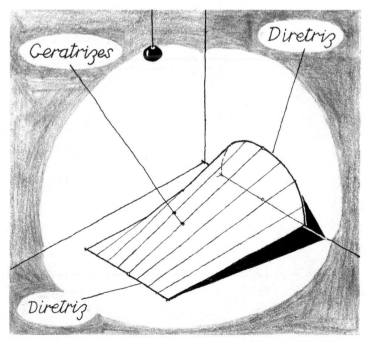

A transição costuma ocorrer entre uma diretriz curva (circunferência, elipse ou parábola) e uma diretriz retilínea. Se essa diretriz é perpendicular a um dos planos de projeção, o conoide se diz reto; fora disso, ele será classificado como oblíquo. Eventualmente a transição ocorre entre duas curvas diferentes situadas em planos não paralelos entre si.

Uma aplicação corrente está no tubo de creme dental: a extremidade oposta à tampa é um **conoide**.

Abaixo está um conoide reto; a diretriz AB é perpendicular ao plano horizontal e está dividida em oito partes iguais. A segunda diretriz é uma parábola...

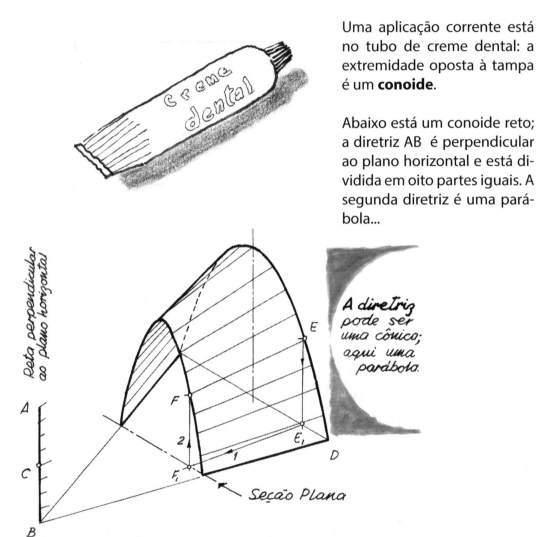

... e está dividida na mesma quantidade de partes iguais: oito de cada lado do eixo de simetria. O ponto **C** é o ponto médio de AB e é ligado ao ponto médio E da parábola.

Para melhor visualização da superfície, foi feita uma seção plana na superfície. O ponto **E** se projeta em E_1, a ser ligado a **B**, determinando o ponto F_1 da seção (seta 1); daí vem o ponto **F** da seção plana (seta 2).
Observa-se que $EE_1 \neq FF_1 \neq CB$.

Conoide

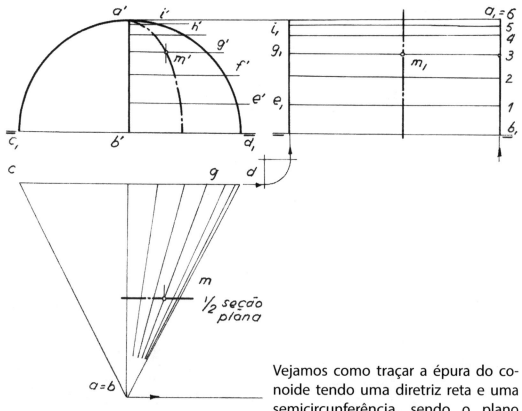

Vejamos como traçar a épura do conoide tendo uma diretriz reta e uma semicircunferência, sendo o plano diretor HORIZONTAL; segue-se que as geratrizes serão todas retas horizontais. A meia circunferência de raio **b'd₁** (diretriz) é dividida em 6 partes: **e'**, **f'** etc. e as alturas desses pontos divisórios são transportadas para a diretriz AB em **a'b'**. Traçamos as geratrizes (horizontais) na terceira projeção, como em **g₁3**.

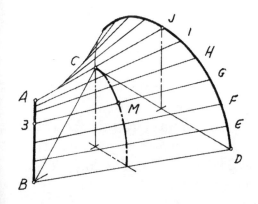

Uma meia seção plana ajuda a visualizar a superfície. O ponto **M** da geratriz **g₁3** está em m1 na terceira projeção e em **m'** e **m**, respectivamente, nas projeções vertical e horizontal.

Ao lado:
vista isométrica da superfície.

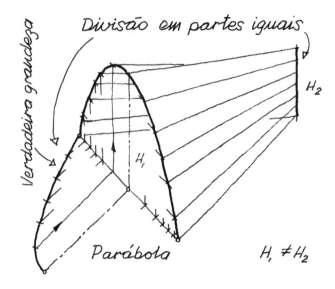

A fim de deixar claro o traçado do conoide, apresentamos acima o caso em que se tem: a) diretriz reta à direita dividida em seis partes; b) diretriz parabólica traçada em verdadeira grandeza no plano horizontal, à esquerda, e alçada para o plano vertical após sua divisão também em seis partes iguais. Os pontos de divisão nas duas diretrizes são ligados por geratrizes que revelam a forma da superfície.

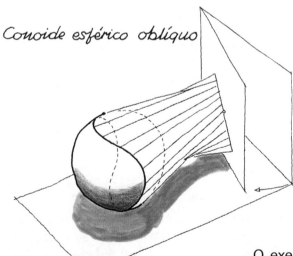

O exemplo acima deixa clara a versatilidade do conoide como superfície de transição: uma reta oblíqua se liga a uma esfera. Nas páginas a seguir aparecem exemplos de aplicação dos conoides na construção civil.

Conoide

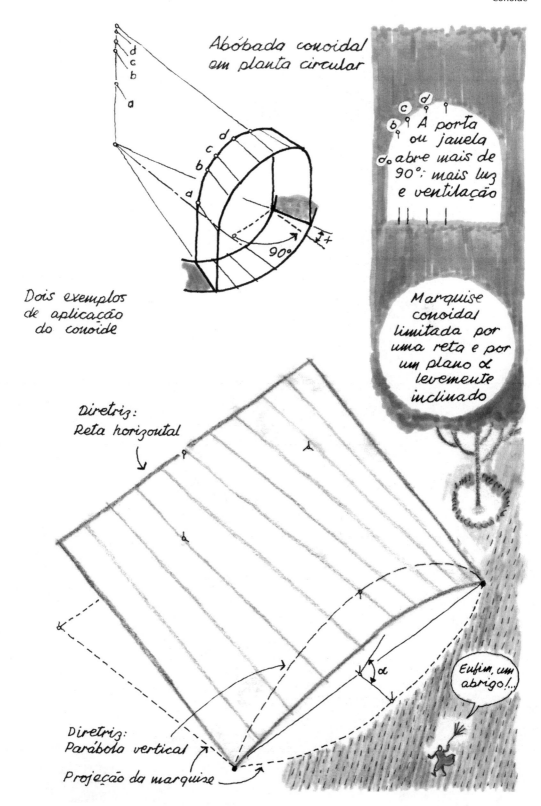

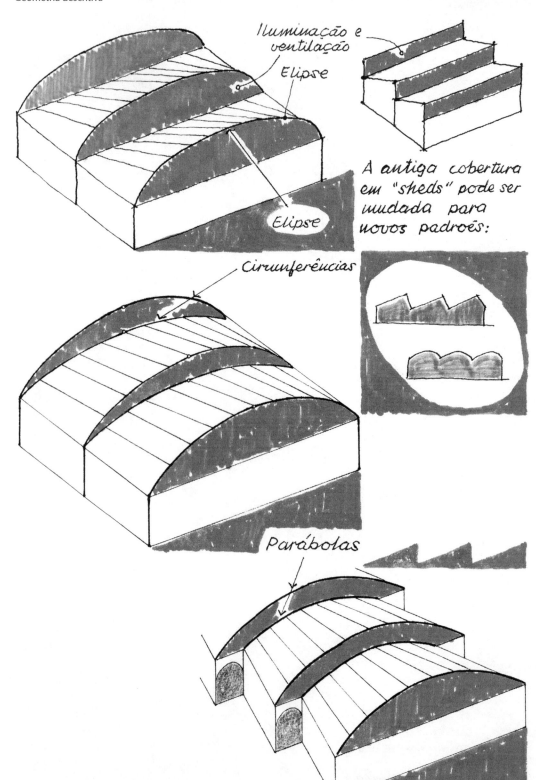

Conoide

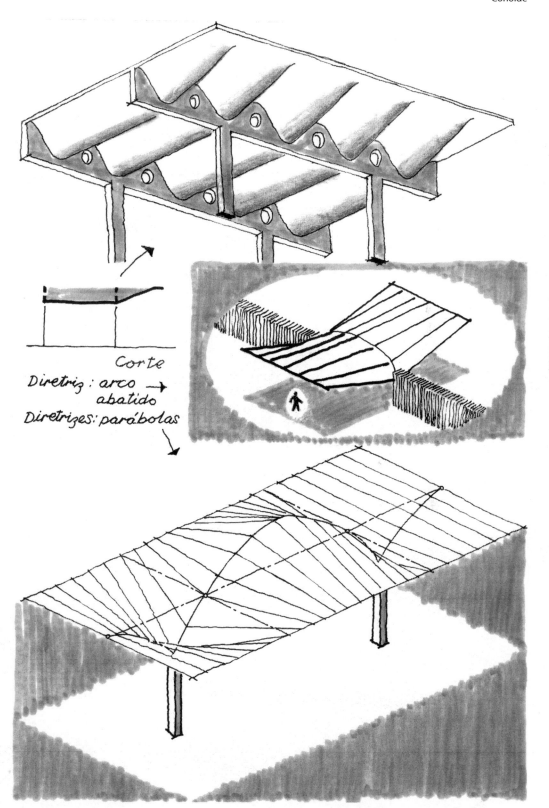

Corte
Diretriz: arco abatido
Diretrizes: parábolas

85

Geometria descritiva

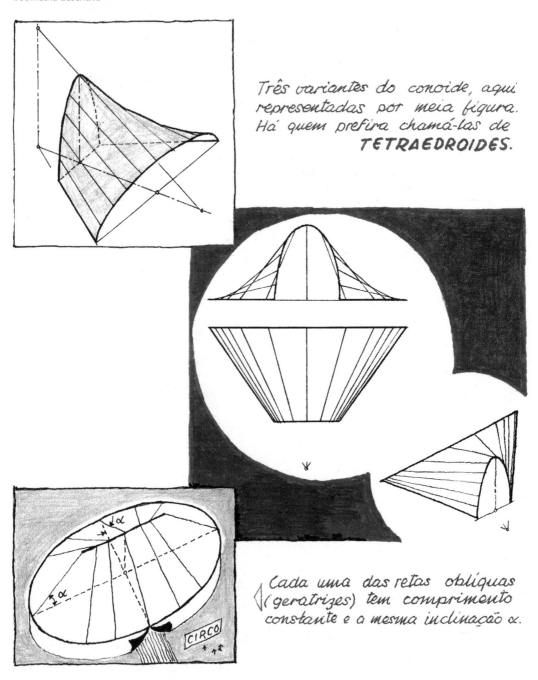

Três variantes do conoide, aqui representadas por meia figura. Há quem prefira chamá-las de **TETRAEDROIDES**.

Cada uma das retas oblíquas (geratrizes) tem comprimento constante e a mesma inclinação α.

Capítulo
9

Conteúdo: geração da superfície, grupo das superfícies circulares em geral e seus dois subgrupos, casos particulares, elementos dessas superfícies, traçados geométricos, aplicações em produtos industriais e na construção civil.

Na classe das superfícies propriamente curvas (ver ilustração na página 89) está o grupo das circulares – formado por dois subgrupos – que inclui o subgrupo A das circulares de revolução (ilustrações de número 10 a 17) e o subgrupo B (o das circulares de circunvolução; ilustrações de números 18 e 19).

No subgrupo das circulares de revolução, o princípio gerador é um só: uma curva – ou meia curva, se regular – gira em torno de eixo retilíneo. A curva se chama geratriz e pode ser curva ou reversa (torcida).

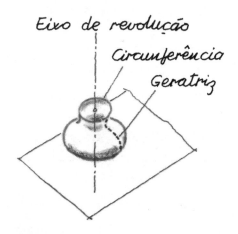

O corte das superfícies por planos perpendiculares ao eixo resulta em curvas chamadas **paralelos**.

O diâmetro máximo tem o nome de círculo de equador e o mínimo – quando diferente de zero – é o **círculo de gola** ou de estrição; ele aparece na figura anterior.

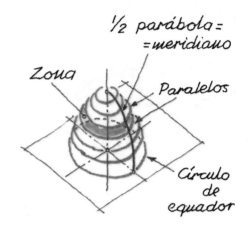

A porção de superfície entre dois planos paralelos tem o nome de **zona**.

Todo plano vertical que passa pelo eixo – suposto vertical – tem o nome de **plano meridiano** e a porção compreendida entre dois meridianos tem o nome de **fuso**.

A representação gráfica dessas superfícies fica simplificada se o eixo aparece como reta em uma projeção e como um ponto na segunda projeção.

O paraboloide da figura acima fica assim representado em épura:

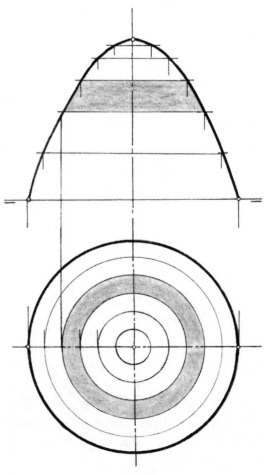

Superfícies de revolução

Classificação das superfícies: p. 46, 47

A classe das superfícies propriamente CURVAS inclui o grupo das CIRCULARES EM GERAL, formado por dois subgrupos:

(A) o das circulares de revolução

10 • Cone de revolução
11 • Cilindro de revolução
12 • Esfera
• Elipsoide ou esferoide...
13 ... alongado
14 ... achatado
• Hiperboloide...
15 ... de uma folha
16 ... de duas folhas
17 • Paraboloide de revolução

(B) o das circulares de circunvolução:

18 • Toro circular
19 • Serpentina

Geometria descritiva

No subgrupo B ou das circulares de circunvolução está o toro circular ou simplesmente toro, gerado por uma circunferência menor cujo centro percorre outra circunferência.
Podem ocorrer três casos:

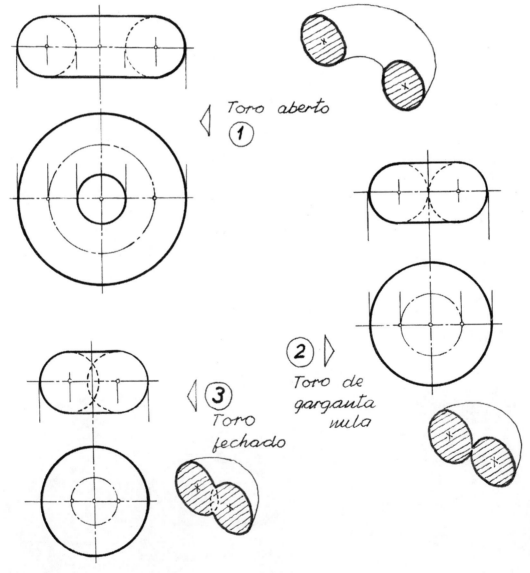

① Toro aberto
② Toro de garganta nula
③ Toro fechado

Superfícies de revolução

O toro é pouco citado em livros de Geometria, embora seja amplamente utilizado em pulseiras, cadeia de correntes, pneus de veículos, base de colunas (ver foto abaixo),

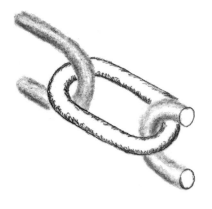

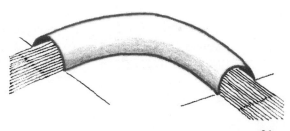

na ligação entre abóbadas circulares,

na cobertura de grandes vãos,

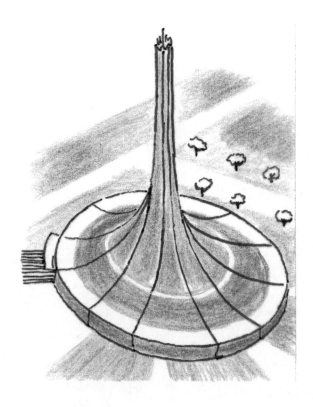

na composição de cobertas etc. Existem formas diferenciadas como toros elípticos, parabólicos ou hiperbólicos, conforme seus eixos pertençam a uma dessas curvas.

Superfícies de revolução

Duas abóbadas se cruzam:

Dois toros se cruzam

A coberta mostrada acima resulta da interseção entre dois toros circulares e está aqui representada em épura (duas projeções com algumas linhas auxiliares do traçado).

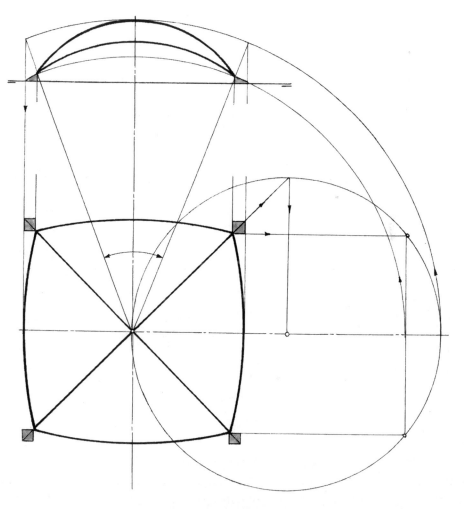

As serpentinas são encontradas comumente em instalações industriais.

Na página anterior vimos o cruzamento ou interseção de dois toros e sua aplicação a uma coberta. Aqui vemos que da interseção de quatro cones resulta uma **abóbada peraltada com abas elípticas**.

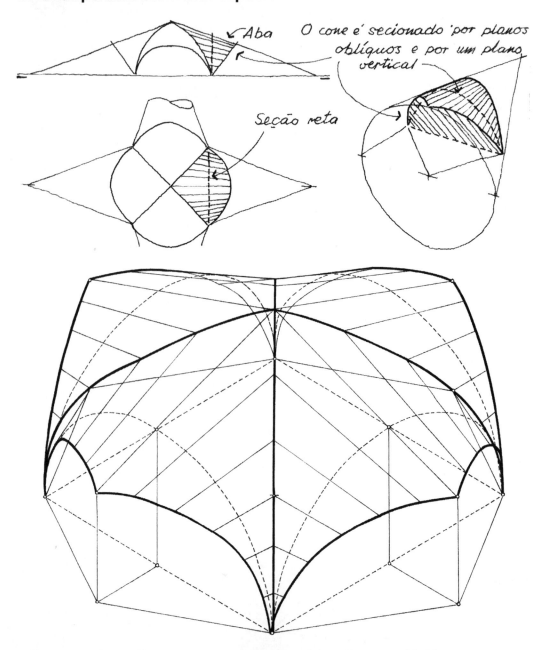

A figura tem semelhança com a abóbada gótica. Surge a dúvida: como os arquitetos góticos definiam os cortes nos blocos de pedra? Se a GD surgiu muitos séculos depois, teriam os construtores góticos um (desconhecido) sistema de representação? Ou eles faziam modelos em escala reduzida e daí passavam o risco para as pedras? O assunto merece uma monografia ou uma investigação acurada.

Capítulo 10

Conteúdo: definições, tipos de interseção, estudo de casos: interseção entre reta e sólido, entre plano e sólido e entre sólidos; processos ou artifícios para obter soluções gráficas.

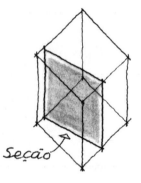

Em Geometria Descritiva dá-se o nome de seção ao corte feito por um plano ao encontrar uma figura ou objeto. A palavra **interseção** é reservada para o encaixe ou penetração entre (= inter) duas figuras. Trata-se de convenção implícita adotada pela maioria dos autores e dos professores do ramo.

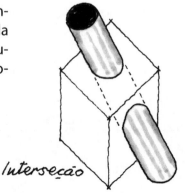

Pode ocorrer interseção entre:
- retas
- reta e plano (O ponto recebe o nome de traço)
- reta e sólido (A)
- plano e sólido (B)
- sólidos entre si (C).

Aqui estudaremos as interseções A, B e C em cinco exemplos:
1. Reta com sólido
2. Plano com sólido
3. Pirâmide com prisma
4. Pirâmide com cilindro
5. Pirâmide com prisma oblíquo.

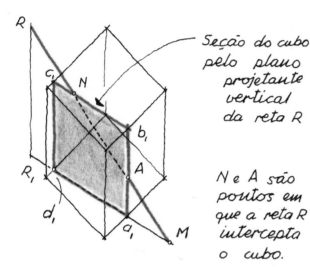

Seção do cubo pelo plano projetante vertical da reta R

N e A são pontos em que a reta R intercepta o cubo.

Exemplo 1
Interseção de reta com um sólido
Dados:
- A reta **RM** e sua projeção horizontal **R₁M**
- O cubo

Solução: passar um plano que contenha a reta dada e corte o cubo. O traçado se simplifica quando usamos o plano projetante da reta; no caso, será o plano **RR₁M**.

Esse plano intercepta arestas do cubo em **a₁** e em **d₁**. O cubo é cortado/secionado segundo verticais que passam nesses pontos e dão os pontos **b₁** e **c₁** na face superior do cubo.

A reta **b₁c₁** corta a reta **RM** no ponto **N** em que a reta **RM** fura/entra no cubo. A saída dessa reta está na face lateral do cubo que foi secionada pelo plano projetante da reta **RM** segundo a reta **a₁b₁**, onde está o ponto de saída **A**.

Resta definir a visibilidade do conjunto reta **RM** e cubo: a reta é invisível no trecho **NA**.

Na página seguinte, o mesmo exemplo é apresentado em duas projeções.

A figura abaixo mostra a representação em duas projeções ortogonais ou épura. O raciocínio apresentado antes pode ser estendido a essa representação, bastando adaptar a nomenclatura dos pontos.

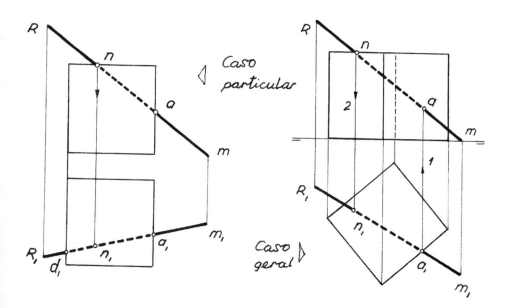

Exemplo 2
Interseção de plano com um sólido

Dados: o cubo e o plano definido pelas retas **RB** e **ST**.

A solução é apresentada inicialmente em projeção cavaleira e, em seguida, em biprojeção ortogonal, como no exemplo já apresentado.

A interseção entre a reta **RB** e o cubo se faz como no exemplo anterior. Repetem-se os mesmos passos com a reta **ST** e obtém-se os pontos **M** e **U**, em que a reta **ST** encontra/fura o cubo.

As retas **NM** e **AU** correspondem à interseção procurada.

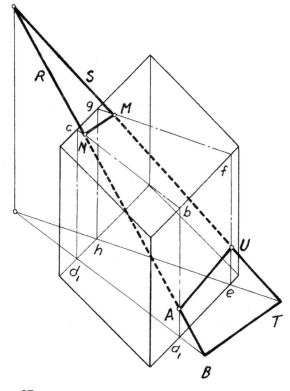

Geometria descritiva

Observações:
1. As retas **BT** e **AU** irão convergir em um ponto que pertence ao prolongamento da aresta do cubo.
2. Analogamente, as retas **NM** e **AU** irão convergir sobre uma aresta do cubo.
3. As retas **BT** e **NM** pertencem a planos horizontais e são paralelas entre si.

A solução é apresentada em perspectiva cavaleira na página anterior e, abaixo, em dupla projeção ortogonal, como no exemplo anterior.

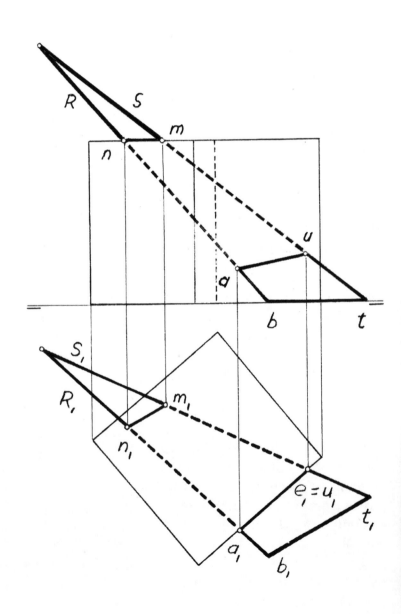

Exemplo 3
Interseção de sólidos

Dados:
- Pirâmide e prisma

O processo mais indicado neste caso é a utilização de seções planas, também chamadas de planos secantes; trata-se de artifício adequado quando os pontos da interseção não podem ser obtidos diretamente a partir dos dados.

Solução:
A face frontal **DF** do prisma intercepta a pirâmide nos pontos d_1, e_1 e f_1, que permitem encontrar suas projeções verticais em d_2, e_2 e f_2; ver página seguinte.

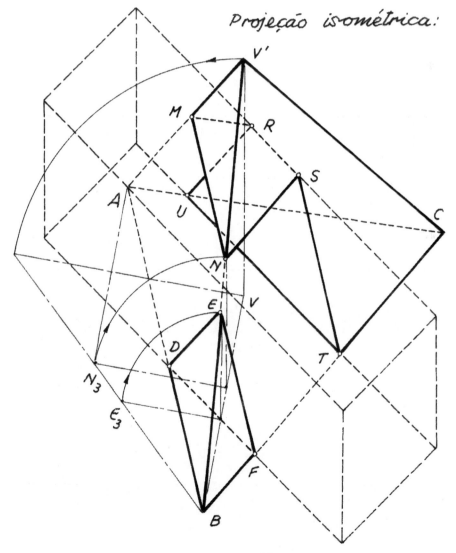

Agora vamos obter a seção plana feita pela face superior do prisma na pirâmide. Nessa face encontram-se os pontos m'_1, n'_1 e p'_1 em que as arestas laterais da pirâmide são secionadas pelo prisma; assim encontramos as projeções m_1, n_1 e p_1 no plano horizontal, assim como os pontos r_1 e s_1, comuns à pirâmide e ao prisma, que permitem obter as projeções dos pontos r_2 e s_2 na face superior do prisma.

Na projeção horizontal encontramos os pontos u_1 e t_1, que são comuns às bases do prisma e da pirâmide, e suas projeções verticais u_2 e t_2.

Resta definir a visibilidade da linha de interseção nas duas projeções, de modo a completar o traçado.

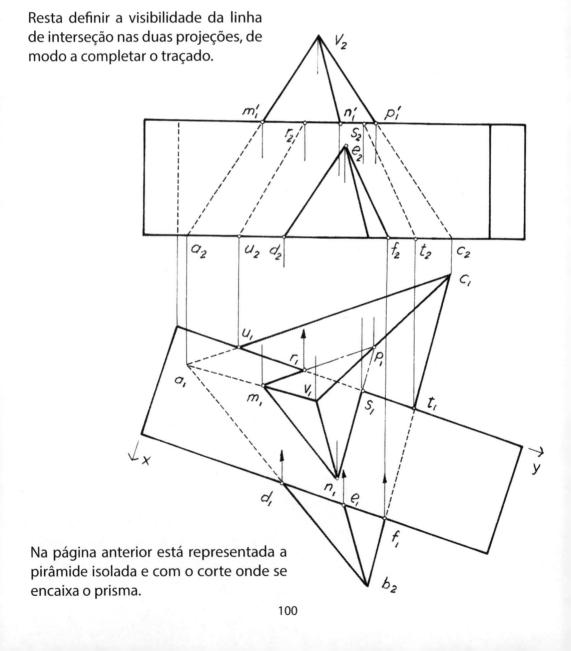

Na página anterior está representada a pirâmide isolada e com o corte onde se encaixa o prisma.

Exemplo 4
Interseção de pirâmide e cilindro

Dados:
- A pirâmide e
- O cilindro.

Ambos definidos por suas duas projeções.

Solução:
Aqui será utilizado o recurso dos planos secantes que, neste caso, serão planos verticais cortando geratrizes do cilindro.

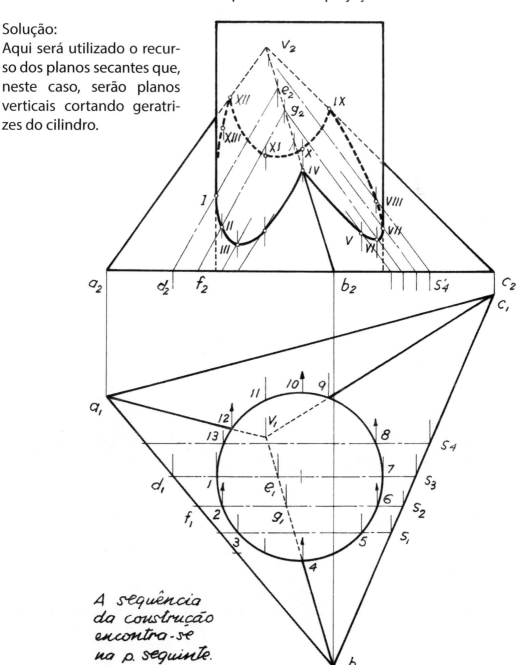

A sequência da construção encontra-se na p. seguinte.

Geometria descritiva

1. Traçamos planos verticais S_1 até S_4 (planos secantes) que cortam o cilindro segundo suas geratrizes.

2. Podemos percorrer a base dos cilindros no sentido anti-horário de **1** até **13**. Como obter os pontos da interseção? Por exemplo: ponto **1** do plano secante S_3. O plano S_3 intercepta a base do cilindro no ponto d_1, que nos dá d_2 na projeção vertical e corta a aresta $v_1 b_1$ no ponto e_1, que nos dará e_2. A reta auxiliar $d_2 e_2$ corta a geratriz de contorno do cilindro no ponto da projeção vertical. É indiferente adotar o sentido horário ou o anti-horário, desde que haja uma sequência ordenada de pontos. Assim, seria inadequada a marcação de pontos aleatórios porque a ligação desses pontos se tornaria desordenada.

3. O plano S_2 seciona a base do prisma em F_1, que é levado para a projeção vertical, e corta a aresta $v_1 b_1$ em g_1, que é levado para g_2. A linha auxiliar $f_2 g_2$ corta uma geratriz no ponto **2** e vai fornecer o ponto **II** na projeção vertical.

4. Seguindo essa orientação, obteremos todos os pontos da interseção desde o número **1** até o **13**.

5. Visibilidade: os pontos de **1** até **4** pertencem à face **VAB** da pirâmide; como ela é visível, esses pontos também o serão. Por raciocínio similar, deduzimos a visibilidade dos pontos **4** até **7**. De **7** até **1** os pontos da interseção pertencem a geratrizes não visíveis; consequentemente, a linha de interseção será invisível na projeção vertical.

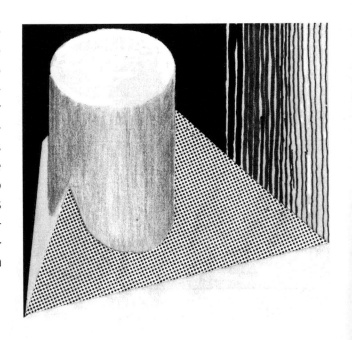

Exemplo 5
Interseção de pirâmide e prisma oblíquo

Dados:
- Pirâmide de vértice **V** e base **PML** no plano horizontal
- Prisma oblíquo de base **ABC**.

Observação: As arestas **A** e **B**, como adiante se verá, passam fora da pirâmide; assim, o recurso aos planos secantes não resolve este caso.

Solução:
1. Fazemos a mudança de plano de projeções traçando a nova L_2T_2 que seja perpendicular às arestas do prisma e construindo as terceiras projeções dos sólidos dados.

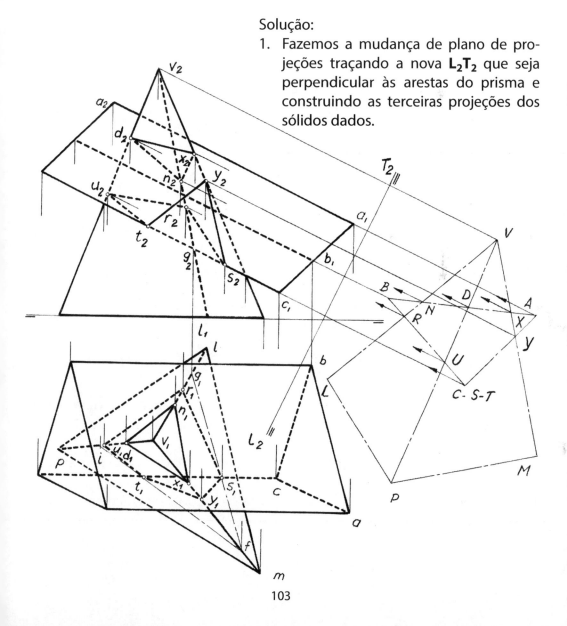

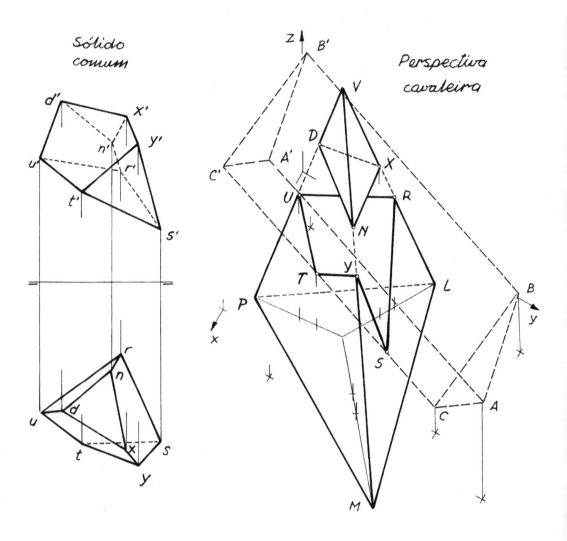

2. Fica agora entendida e visível a observação inicial. Na aresta **VL**, obtemos os pontos de interseção **N** e **R**, e na aresta **VM**, encontramos os pontos **X** e **Y**.

3. Levamos esses quatro pontos para as projeções **H** e **V** dadas inicialmente.

4. Analisando a terceira projeção, vê-se que a pirâmide é secionada pelo plano **AB** da face lateral do prisma.

Interpretação artística da figura anterior

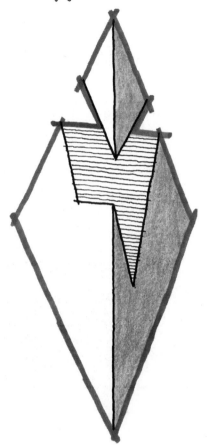

5. Representamos nas duas projeções iniciais a seção plana **NDX** obtida na terceira projeção, isto é, o triângulo **n₂d₂x₂** na projeção vertical e **n₁d₁x₁** na projeção horizontal.

6. Voltemos à terceira projeção. As faces **BC** e **CA** do prisma secionam a pirâmide segundo um contorno fechado ou contínuo, **RUCY**, a ser traçado, e que está contido naquelas duas faces do prisma.

7. Na terceira projeção encontramos o ponto **R**, interseção da aresta **VL** com a face **BC**: esse ponto projeta-se em **r₂** e daí em **r₁**.

8. A utilização dos planos secantes somente dará pontos na aresta **C**, como se vê na terceira projeção, pois as arestas **A** e **B** passam fora da pirâmide. O plano secante que contém a aresta **C** dá um triângulo que está representado no plano **H** por linha auxiliar de traço e ponto. A aresta **C** corta esse triângulo nos pontos **t₁** e **s₁**, que serão levados para a projeção vertical em **t₂** e **s₂** e para a terceira projeção.

9. A linha contínua mencionada no item 6 será, então, formada na projeção horizontal pelos pontos **r₁u₁t₁y₁s₁n₁r₁** que se levam para a projeção vertical.

10. Para concluir, resta definir a visibilidade de cada uma das retas.

Geometria descritiva

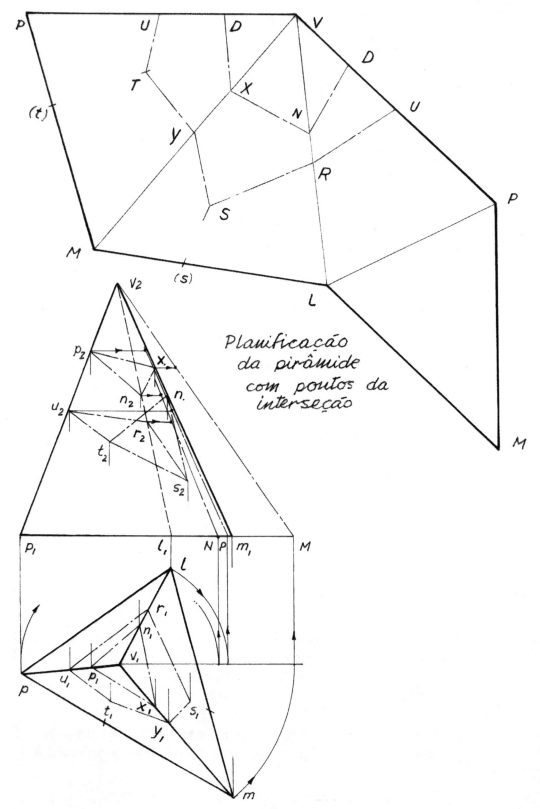

Planificação da pirâmide com pontos da interseção

Em resumo:

Na construção gráfica da interseção de sólidos, podemos seguir dois caminhos[*]:

1. Achar a interseção de uma linha do primeiro sólido (geratriz ou aresta) com o segundo sólido. É o que se vê nos Exemplos 1 e 2.
2. Utilizar planos secantes ou cortantes, como se viu no Exemplo 5. Esse artifício é amplamente utilizado no estudo da interseção de telhados, como mostra em detalhes o livro *Ventilação e cobertas*, de minha autoria, publicado pela editora Blucher.

O estudo da GD não fica completo sem o conhecimento das sombras e o traçado das perspectivas cônica, cavaleira, isométrica etc. É o assunto de obra específica *A perspectiva dos profissionais*, da mesma editora e autor.

(*) Alguns livros falam de "métodos", o que é uma terminologia inadequada, pois em GD há apenas dois métodos: o das projeções e o das seções. Fora daí, o que ocorre são artifícios, processos, procedimentos, roteiros etc.

A – Agradecimentos

Um livro é quase sempre fruto do trabalho de muitas pessoas. Como a árvore que cresce a partir de diversos nutrientes, muitas pessoas me incentivaram a escrever este livro. Houve os que pediram à editora o segundo volume após o lançamento do primeiro, há mais de duas décadas, e os que acreditavam que eu poderia dar meus traços para esta obra.

Aqui cabem dois destaques.

Um para o arquiteto e professor Eduardo E. O. Bastos, que valorizou com seu desenho o projeto de Gaudí que aparece na p. 61.

O outro destaque é para a arquiteta doutora Rosirene Mayer, que evitou que eu publicasse algumas barbaridades e lapsos que escorregaram de minha caneta e ainda deu uns toques de informação que eu antes não tinha.

A todos, meus calorosos agradecimentos.

B – Leituras indicadas sobre Geometria Descritiva

ASENSI, F. I. **Geometria Descriptiva Superior y Aplicada**. Madrid: Dossat, 1975.

CARVALHO, B. de A. **Desenho Geométrico**. Rio de Janeiro: Imperial Novo Milênio, 2008.

FERNANDEZ, A. T. **Geometria Descriptiva y Aplicaciones**. Vol II. Curvas y Superfícies. Madrid: Tebar Flores, 1983.

RODRIGUES, A. J. **Geometria Descritiva**. Vol. II. Rio de Janeiro: Livro Técnico, 1964.

ROUBAUDI, C. **Traité de Geométrie Descriptive**. Paris: Masson, 1961.

WELLMANB. L. **Geometria Descriptiva**. Barcelona: Reverté, 1973.

Outras recomendações na página seguinte.

C – Mais leituras: sobre neurociências, aprendizagem e ensino

BJORKVOLD, J. **The Muse Within**. New York: HapersCollins, 1992.

MACHADO, L. **O Cérebro do Cérebro**. Rio de Janeiro: Cidade do Cérebro, 1991.

PALLASMAA, J. **La Mano que Piensa**. Barcelona: Gilli, 2012.

ROBINSON, K. **The Element**. New York: Viking, 2009.

WILSON, F. P. **La Mano**. Barcelona: Tusquets, 2002.

D – Crédito das ilustrações

As ilustrações são do autor, exceto as abaixo indicadas:

Cap. 2 – p.14–Parafuso de Arquimedes–Desenho do Autor adaptado de Scientific American Brasil, p.12. ISSN 1676.9791
p. 25 – Museu Everson – Desenho do autor baseado em Asensi, F. I, p. 470, obra citada.

Cap. 3 – p. 37 – Basílica da Sagrada Família (foto). In: Gaudí – Juan-Eduardo CIRLOT, p. 186. Barcelona: Triangle, 2002.
p. 39 – Desenhos do autor adaptados de GORDON, J. E. Structures. Londres: Penguin, 1991.

Cap. 5 – p. 61 – Cripta da Colônia Güell – Desenho de Eduardo H. O. Bastos, baseado em foto do livro Gaudí, já citado, p. 154.
p. 65 – Marquise – Desenho do autor baseado em F. I. ASENSI, citado, p. 599.

Cap. 6 – p. 71 – Catedral de Brasília. Esboço de O. NIEMEYER. In: A forma na arquitetura, Rio de Janeiro: Avenir, 1978. p. 43.
p. 3 – Engrenagem. Desenho do autor adaptado de B. Leighton WELLMAN, obra citada, p. 233.

Cap. 8 – p. 71 – Cobertura. Desenho do autor baseado em fotografia de F. I. ASENSI, obra citada, p. 450.

Cap. 9 – p. 92 – Templo. Desenho do autor baseado em F. I. ASENSI, obra citada, p. 630.

Índice de assuntos

A

Abóbada, 27, 28
   de revolução, 28
   peraltada, 94
Ângulos, 6
Aprendizagem (estilos de), 52
Arco, 27
   elementos, 28
   História, 32, 39-41
   tipos, 29-31

C

Capialço, 75
Cilindroide
   aplicações, 74
   definição, 73
   diferença do cilindro, 74
   elementos, 73
   traçado, 76, 77
Circunferência, 2
   elementos, 6
Cônicas, 1
   aplicações, 4
Conoide
   aplicações, 82-86
   diretriz, 79
   elementos, 79
   traçado, 80-84
Cúpula, 28
Cubo (duplicação do cubo), 3

D

Diâmetro da hélice, 15
Diretriz do conoide, 79

E

Eixo
   da hélice e do helicoide, 15
   de revolução, 87
Elipse, 2
   elementos da, 7
   traçados da, 7, 8, 11
Equador, 88
Estruturas (evolução), 32-42

F

Fuso, 88

G

Geratriz, 79, 87
Gola (círculo de), 70, 88

H

Hélice, 15
   aplicações, 14
   elementos, 15
   tipos, 15
   traçado, 16
      hélice cônica, 17
      hélice esférica, 19
      hélice loxodrômica, 18
Helicoide
   aplicações, 25
   elementos, 15
   com núcleo, 20
   de cone diretor, 22
   elementos, 15
   tangente ao eixo, 21
   tipos, 15
   sem núcleo, 20

Hipérbole, 2
    elementos, 10
    traçado, 10, 12
Hiperboloide de revolução
    aplicações, 70, 71
    elementos, 70
    traçado, 72

I

Inclinação da hélice, 15
    do helicoide, 15

M

Meridiano, 88

N

Núcleo do helicoide, 15, 20

P

Parábola, 2
    elementos da, 9
    traçados da, 9, 12
Paralelos, 88

Paraboloide hiperbólico
    aplicações, 61, 65
    modelagem, 54, 55
    traçado, 56-60
    variações do, 61-65
Passo de hélice/helicoide, 15
Pensamento
    intuitivo e racional, vii

S

Seção, 95
Sentido de giro, 15
Superelipse, 5
Superfícies
    classificação, 46-48
    de revolução, 87
    laminar, 48-51
    torcida ou reversa, 53

T

Toro
    aplicações, 92-94
    tipos, 90, 91

Z

Zona, 88

Sobre o Autor

Gildo Azevedo Montenegro foi professor nos cursos de Arquitetura e de Design na Universidade Federal de Pernambuco e ministrou cursos em dez Estados brasileiros. Graduou-se em Arquitetura e fez especialização em Expressão Gráfica. Tem trabalhos publicados em jornais, congressos científicos e revistas técnicas do Brasil e de Portugal. Sua linha atual de estudos envolve aprendizagem, intuição, criatividade e inteligência. Em 2015 fez parte do Comitê Científico do Geometrias & Graphica 2015, realizado em Portugal, e recebeu da Universidade Mauricio de Nassau a Comenda Mauricio de Nassau por serviços prestados em prol da ciência, da tecnologia e do ensino. Nasceu na Paraíba e reside no Recife com a esposa e uma filha; dois filhos moram fora de casa e outra filha reside no exterior.